Balearen

Alle Tauchplätze und -basen auf einen Blick

Lohnende Ausflugsziele

Mit Biologieführer

Tauchreviere der Welt

Balearen

Alle Tauchplätze und -basen auf einen Blick

Lohnende Ausflugsziele

Mit Biologieführer

Andreas Koffka

Müller Rüschlikon

Einbandgestaltung: Katja Draenert

ISBN 3-275-01459-9

1. Auflage 2003

Innengestaltung: Wolfgang Vogel
Reproduktion: digi bild reinhardt, 73037 Göppingen
Druck und Bindung: Fotolitho Longo
Printed in Italy

Die Balearen, Lieblingsinseln der Deutschen

Vorurteile gibt es reichlich, doch lassen Sie sich von diesen nicht beeindrucken. Die Balearen sind abwechslungsreich, ursprünglich, artenreich, wild, sanft, lieblich, erschlossen, zivilisiert und touristisch zugleich. Jede der Inseln hat ihre ganz speziellen Besonderheiten, welche sie von den anderen unterscheidet. Die vier Mittelmeerinseln bieten dem erlebnishungrigen und entdeckungsfreudigen Reisenden sehr viel mehr, als die in den Reiseprospekten angepriesenen Klischees eines Sonnenparadieses im Mittelmeer. Die stressgeplagten, erholungsbedürftigen Nord- und Mitteleuropäer können sich sportlich betätigen und vielfältigen Vergnügungen in den Touristenzentren nachgehen. Jenseits der Touristenrouten und jenseits hunderttausenfach veröffentlichter Insidertipps. Ursprüngliche Lebensformen haben sich auch im Zeitalter des Massentourismus noch erhalten. Auf Menorca und besonders auf Formentera geht es gemächlich zu und selbst in vielen Teilen Ibizas glaubt man, Massentourismus gäbe es gar nicht. Drei Jahrzehnte stürmischer touristischer Entwicklung haben die beschauliche Lebensart der Ibicencos nicht gänzlich verdrängen können. Auch wenn der Tourismus an manchen Stellen deutliche Spuren hinterlassen hat. Doch auch die, die Ruhe und Entspannung suchen, finden ihr stilles Plätzchen in der unverdorbenen Naturlandschaft. Entdecken Sie Ihren Lieblingsplatz und genießen Sie Ihre schönsten Wochen des Jahres.

Ihr

Andreas Koffka

Inhalt

Eivissa, Ibizas Inselhauptstadt, erwacht im ersten Licht der Sonne. Die Fischer kommen von ihren nächtlichen Fangzügen zurück, die Disco-Gäste allerdings gehen jetzt erst ins Bett – Gegensätze, die sich hier nicht widersprechen

Mallorcas kleine Schwestern:

Unbekannte Balearen

Naturschauspiel: Sonnenuntergang hinter dem Felsen von Vedra

Mallorcas kleine Schwestern:

Unbekannte Balearen

Die beiden Party-Inseln Mallorca und Ibiza kennen alle. Kaum jemand aber verirrt sich nach Menorca oder gar Formentera. Dabei setzen die beiden Aschenputtel landschaftliche Schönheit und kulturelles Erbe gegen den Glamour der beiden glitzernden Schwestern. Begleiten Sie den Autor auf einem Rundgang über die drei kleinen Balearen-Schwestern

Etwas abseits vom Massentourismus gelegen hat die Baleareninsel Menorca neben reichlich unverbauter Natur, fast menschenleeren Badestränden und Naturschutzgebieten, vor allem für Wassersportler jede Menge zu bieten. Zu sehen gibt es vieles, über und unter Wasser.

Ochsentour

Um einen ersten Überblick über die etwas verschlafen wirkende Insel zu bekommen, fährt man am Besten auf den Monte El Toro, den mit 357 Metern höchsten Berg Menorcas. Bei klarem Wetter ist es möglich, die Nachbarinsel Mallorca zu sehen. Die zweitgrößte Insel der Balearen überrascht durch sattgrünen Bewuchs soweit das Auge reicht. Keine Autobahn oder Betonmoloche stören die zum Wandern, Radfahren und Reiten einladende Naturlandschaft. Da und dort liegt ein Dorf, eine kleine Stadt, eine stilvoll restaurierte Finca. Zeugnisse aus prähistorischer Zeit sind über die ganze Insel verstreut. »Naveta des Tudons« ist eines der am besten erhaltenen Bauwerke der Bronzezeit. Abseits der heutigen Landstraße Ferreries - Ciutadella wurden vor rund 3500 Jahren die mächtigen Steinquader zu dieser eindrucksvollen Begräbnisstätte zusammengefügt. Im Inneren befinden sich zwei Grabkammern, die besichtigt werden können. Die megalithischen Bauwerke »Sa Cova d' es Moro«

Der Leuchtturm am Cap Artratx weißt auch in Dunkelheit und Nebel den Weg für die Schiffe

stammen aus der Talaiot-Kultur und sind etwa 3000-4000 Jahre alt. An der Landstraße von Alaior nach Son Bou liegt »Torre d'en Gaumés« ein weiteres, ausgedehntes archäologisches Fundgebiet.

Das Naturschutzgebiet »L' Albufera d' es Grau« im Nordosten der Insel, wurde 1993 von der UNESCO zu einem »Biosphare-Reservat« erklärt. Am besten lässt sich das Naturschutzgebiet erwandern oder mit dem Mountenbike erradeln. Pflanzen und Tiere lassen sich so fast hautnah beobachten. »Es Grau« ist ein Biotop für Königsreiher und Fischadler und viele andere Wasservögel. An der Südküste liegt das Naturschutzgebiet »Barranc d' Algendar« in einem ca. 6 km langen Erosionstal. Ein erheblicher Teil des Tales ist ein Feuchtgebiet. Hier stehen auch noch einige der recht selten gewordenen Steineichen. Im Frühjahr und Frühherbst ist ein Besuch besonders zu empfehlen.

Weitere Sehenswürdigkeiten sind die Höhlen »Cales Coves« bei San Climente. Sie stammen aus der Talaiot-Kultur und dienten als

Herbststimmung: Baum im Gegenlicht an Ibizas Südküste bei Cala Paola

Grabkammern und als Wohnstätten. Die ältesten Höhlen werden auf etwa 3000 Jahre geschätzt.

Die historischen Höhlen »Cova d'en Xoroi« bei Cala d'en Porter wurden touristisch erschlossen. Am Tag werden die Höhlen als Ausflugscafe und nachts als Disco genutzt. Das Thema Höhlen wollen wir noch weiter vertiefen und uns ein absolutes Highlight Menorcas nicht entgehen lassen, das Höhlentauchen.

Auf dem Ochsenkarren braucht Menorca niemand mehr zu umrunden. Denn selbstverständlich gibt es in den Hotels und Unterkünften auch Mietautos für beliebig viele Tage zu mieten – Preisvergleich lohnt!

Party, Party, Party

Touristisch und partymäßig gesehen tobt das Leben an Ibizas Südostküste, das Landesinnere und die Nordküste dagegen sind vom Rummel weitgehend verschont geblieben und begeistern mit ihrer Naturlandschaft. Dass sich auf Ibiza trefflich feiern lässt, ist hinlänglich bekannt, doch auch der beschauliche Familienurlaub ist gut möglich und selbst anspruchsvolle Individualisten kommen voll auf ihre Kosten. Für mich wurde Ibiza zur Lieblingsinsel unter den Balearen. Fast alles ist möglich – man kann, aber man muss nicht – auf die richtige Mischung kommt es an.

In den Sechziger Jahren war Ibiza das europäische Mekka für Hippies, Aussteiger und Künstler. Die Flowerpowerzeit ist vorbei, die Künstler haben sich etabliert, Aussteiger sind zu Geschäftsleuten mutiert und um die gealterten Hippies ist es ruhig geworden. Jeden Sonntag treffen sich die Alt-Hippies von Ibiza am Strand von Benniras. Die Jugend von heute feiert anders, in den riesigen Discos dröhnt Technomusik und Soap Parties sind der Hit. Statt sich mit dem Tütchen Gras auf dem Weg der Erleuchtung zu begeben, hilft heute Ecstasy beim Durchtanzen der Nächte. Wer es edler liebt und es sich leisten kann, kommt in einschlägigen Clubs auf seine Kosten. Für jede auch noch so ausgefallene Geschmacksrichtung ist etwas dabei, je später der Abend desto cooler das Treiben und schriller die Outfits. Von banalen Saufgelagen à la Ballermann distanziert man sich stilvoll. Ibiza ist Ibiza und will es auch bleiben.

24 Stunden Eivissa

Ibiza? Stadt oder Eivissa wie sie von den Bewohnern genannt wird, ist als Inselhauptstadt mit ihrem lebendigen Hafen, einer alles überragenden Festung, alten Kirchen, engen Gassen und vielen Kneipen die schönste Stadt der Balearen. An der Erhaltung der Alt- und Oberstadt wird fleißig gearbeitet. Die Fußgängerzone mit den vielen kleinen Geschäften und unzähligen Restaurants und Cafes ist Hauptanziehungspunkt für Inselbesucher aller Nationen und allen Alters. Hier pulsiert das Leben 24 Stunden, Tag für Tag und Nacht für Nacht. Die aufgehende Sonne überzieht Eivissa mit warmen gelbroten Farbtönen. Während im Hafen die ersten Reisenden auf eine der Fähren zu den Nachbarinseln oder zum Festland warten, zieht es Gruppen nächtlicher Partygänger von den Musiktempeln zurück in ihre Quartiere. Neun Uhr, die erste Rushhour – die Angestellten der Büros und Geschäfte strömen zu ihren Arbeitsplätzen. Die ersten Touries erobern die Altstadt. Mittags, die Schickimickigesellschaft trifft sich zum Frühstück in den zahlreichen Hafencafes. Je später der Nachmittag, desto mehr füllen sich die Einkaufsstraßen und Gassen, jetzt ist Shoppingzeit. Zwanzig Uhr, es ist Zeit für den ersten Aperitiv, die Fresslocale füllen sich. Das Publikum wechselt, die Familienbanden werden von den ersten Nachtschattengewächsen abgelöst. Die Nacht ist kurz und schon beginnt es wieder von neuem.

Ein Gegensatz, wie er krasser nicht sein könnte: Sehenswert ist die relativ unberührte Nordwestküste und ihr Hinterland. Naturliebhaber, Mountainbiker und Wanderer kommen hier voll auf ihre Kosten. Um den Vedra-Felsen (Illa es Vedra), an der Südwestspitze Ibizas, ranken sich seit Urzeiten mystische Geschichten. Besonders eindrucksvoll ist er bei Sonnenuntergang vom Meer aus gesehen. Vom Mittelalter bis ins 19. Jahrhundert machte die Salzgewinnung und der Handel die Insel reich. Längst haben die Salinen (südwestlich von Eivissa) ihre wirtschaftliche Bedeutung eingebüßt, um so wichtiger sind sie für hunderttausende Zugvögel, die hier Rast machen.

Weiter an der Südostküste, der Ort Santa Eulalia del Rio wuchs in den vergangenen Jahren zu einem modernen Fremdenverkehrszentrum mit pittoreskem Hafen. Zwischendurch kommt man immer wieder an einen Badestrand, mal groß mal klein, mal steinig mal mit feinem Sand, mal laut mal ruhig mal FKK. Doch eins ist sicher – Ibiza ist auf jeden Fall einen Besuch Wert!

Formentera, die vergessene Insel

Ein Kleinod der ganz besonderen Art ist Formentera, die mit nur 82 Quadratkilometern kleinste der vier Baleareninseln. Wer Ruhe und Beschaulichkeit sucht, wird diese finden. Die kilometerlangen Sandstrände lassen einen Hauch von Karibikflair aufkommen. Ein Besuch auf der fast vergessenen Insel lohnt vor allem für Naturliebhaber. Wer dagegen auf Highlife und Halli Galli nicht verzichten kann, soll auf der größeren Nachbarinsel Ibiza bleiben.

Einen Flugplatz gibt es nicht, Formentera kann nur mit dem Schiff angefahren werden. Doch das schadet ihr keineswegs. Im Gegenteil, vielleicht hat sie sich gerade deshalb ihren Charme bewahrt. Die Fähranbindung zur bekannten Nachbarinsel Ibiza ist vor allem in der Sommersaison exzellent. Im Halbstundentakt verkehren Auto- bzw. Schnellfähre zeitversetzt. Nur wenige hundert Meter hinter dem Hafen von La Savina, der bei Yachtis besonders beliebt ist, erschließt sich das Naturschutzgebiet »Estany Pudent/ Espalmador«. Es besteht aus einem Lagunen- und einem Feuchtgebiet. Es ist vorbildlich durch Radwanderwege erschlossen. Wissenschaftler haben hier 29 verschiedene Wasservögelarten gezählt, die in diesem Naturschutzgebiet brüten. Naturschutz steht auf Formentera so hoch im Kurs wie auf keiner anderen Baleareninsel. Die wenigen Insulaner haben es verstanden, den Reichtum an unverbauter Natur zu bewahren und diesen Reichtum so schonend wie möglich zu nutzen. Ruhig und beschaulich lassen die Formen-

Formentera hat keinen Flugplatz. Der Verkehr wird über solche Schnellfähren abgewickelt, die Platz für Hunderte bieten

terenser die Touristensaison über sich ergehen, im festen Wissen in den Wintermonaten ihre Insel wieder für sich allein zu haben. Vielleicht lässt gerade diese Gelassenheit sie so alt werden, denn die Formenterenser haben die höchste Lebenserwartung aller Spanier.

Die Salinenfelder von Formentera: Sie liegen im Nordosten der Insel. Hier fand für den Export bis 1985 die Salzproduktion statt. Heute wird Salz nur noch für den Eigenbedarf hergestellt. Längst ist der Tourismus zur Haupteinnahmequelle der Insel geworden und hat neben der Salzproduktion auch die Landwirtschaft und den Fischfang auf die Plätze verwiesen. Die »Salinas Marroig« sind ein Refugium für selten gewordene Vögel. Durch Rad- und Wanderwege gut zugänglich lassen sich hier im Frühjahr und Herbst Flamingos beobachten. Während der Trockenzeit erinnern Flamingoskulpturen an die grazilen Gäste.

■ Seefahrerdenkmal am Hafen von Eivissa

■ Besonders im Frühjahr blühen Mittelmeerküsten auf. Unser Schnappschuss zeigt eine Mohnwiese

Tauchplätze:

Das sind Menorca, Ibiza, Formentera

A. Menorca

A. 1. Südostküste:

I Die Höhlen von Cap d'en Font:
In den Felsen der Südküste liegen am Cap d'en Font Tauchplatz an Tauchplatz, Höhle an Höhle.

II Moon Pool: (Mondteich)
Der Moon Pool, ein Höhlentauchgang mit einer maximalen Tauchtiefe von 21m nur für den erfahrenen Taucher geeignet. Durch eine große Eingangshöhle in 17 Meter Tiefe gelangt man über einen Korridor, dessen Boden mit großen, rundgeschliffenen Steinen gepflastert ist. Auf dem weiteren Weg gelangt man durch vom einfließenden Süßwasser schlierig gewordenes Meerwasser weiter ins Innere. Der Wand folgend erreicht man eine kleine Höhle, deren oberer Teil luftgefüllt ist – den Moon Pool.

III Fossil Caves: (Fossilien Höhle)
Eine spektakuläre 30 m lange Höhle, deren Eingang sich in 14 m Tiefe befindet, um danach in einer luftgefüllten Höhle zu enden. Die komplette Höhlendecke ist mit Fossilien übersät. Ein wahrlich atemberaubender Tauchgang, die maximale Tauchtiefe beträgt 28 Meter.

IV Stalagtitenhöhle:
Die Stalaktitenhöhle ist nur für sehr erfahrene Taucher geeignet, da der Höhlenboden mit feinstem Sediment bedeckt ist. Jeder unachtsame Flossenschlag kann das Ende der klaren Sicht bedeuten. Hier gibt es eine große Anzahl von Stalagmiten und Stalaktiten zu bewundern – alles sehr komplex, aber äußerst interessant.
V El Campanariode:

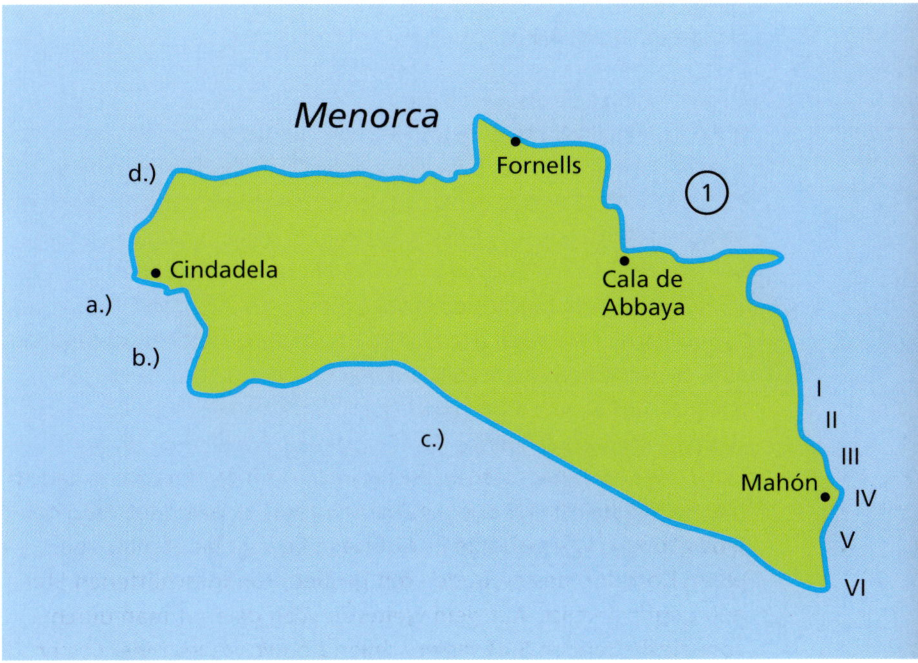

Der maximal 24m tiefe Tauchplatz wird oder auch Tom' s Belfry (Tom`s Glockenturm) genannt. Hier lassen sich die wahrscheinlich spektakulärsten Höhlentauchgänge weit und breit machen. Der Einstieg geht durch zwei verschiedene Eingänge, die durch riesige Gesteinsformationen führen und in der gewölbten Eingangshöhle enden, in welcher man auftauchen und auf einem Stalagmiten sitzend eine Reihe von Stalagtiten bewundern kann.

VI La Cathedral (Kathedralenhöhle):.

Sie ist die warscheinlich die größte Höhle von Cap d'en Font . Der Eingangsbogen ist so riesig, daß das diffuse, türkisfarbene Tageslicht bis fast an das Ende der ziemlich langen Höhle reicht. Der felsige Boden geht am Ende in einen sandigen Hang über, auf deren einen Seite ein einzelner Felsen steht, welcher einer urzeitlichen Opfergabe an einen vergessenen Meeresgott gleicht.

A. 2. Nordküste:

1 Swiss Cheese (Schweizer Käse):
Dieser maximal 24m tiefe Tauchplatz kann außer bei starkem Nordwind problemlos von Land aus betaucht werden. Der durchlöcherter Felse Namens »Swiss Cheese«, gehört zu den schönsten Landtauchplätzen an Menorcas Nordküste. Er ist besonders wegen seiner Biologischen Vielfalt interessant. Das Tauchvergnügen direkt nach dem Abtauchen. Felsformationen dicht bewachsen mit verschiedenen Arten von Algen und Seegrasflächen wechseln sich ab. Hier trifft man garantiert auf Sägebarsche, Gelbstriemen und Sepias. Auf den Sandflächen werden regelmäßig Knurrhähne, Schollen und Eidechsenfische gesichtet. Die Löcher und die vielen Höhlengänge des Hauptfelsens geben dem Tauchplatz seinen Namen. Das an verschiedenen Stellen einfallende Licht macht die Orientierung leicht und zaubert eine unvergleichliche Stimmung in die Höhle. An den Höhlenwänden findet man kleine Edelkorallen, den Neptunsschleier, Röhrenwümer und verschiedene Schwämme.

A. 3. Westküste:

a. Tropfsteinhöhle »Pont d´en Gill«
Ein Tauchgang in die Unterwassertropfsteinhöhle »Pont d'en Gill« gehört zu den schönsten und eindrucksvollsten Tauchgängen, die auf Menorca möglich sind. Ein phantastisches Erlebnis und kleines Abenteuer, das mit keinerlei Risiko verbunden ist, auch für nicht Höhlentauchprofis. Nach einer kurzen Engstelle, dem »Lieferanteneingang« zu Beginn gelangen wir in einen langen luftgefüllten Saal. Im Licht unserer Tauchlampen erstrahlen mächtige Tropfsteinen. Wir schnorcheln immer weiter, immer tiefer in die Höhle und sind begeistert. Ganz am Ende, das Wasser wird flacher und flacher, erreichen wir einen kleinen Sandstrand. English Beach – der einzige Strand, an dem sich selbst die kleinen Engländerinnen keinen Sonnenbrand holen können. Genug gelästert – der 220 Meter lange Rückweg wird getaucht und wir genießen noch einmal zwischen gigantischen Stalakti-

An manchen Tauchstellen prägen gewaltige Felskulissen das Bild

ten und Stalagmiten hindurch zu schweben zurück in die Bucht Pont d'en Gill.

b. Sa Farola (Torbogen):

Die Bucht Pont d'en Gill. Ein eigenes Tauchgebiet das mehrmals hintereinander betaucht werden kann. Hier liegt es an der individuellen Gestaltung des Tauchführers diese Tauchgange interessant zu gestalten. Man kann die Bucht durch den Torbogen und einer kleinen Höhle zum Außenriff hin verlassen um dann um den äußeren Fels wieder in die Bucht zu tauchen oder den Tauchgang umgekehrt gestalten. Unter dem Torbogen ist ein reichhaltiges Fischangebot zu finden. Ebenfalls Nacktschnecken, Oktopusse, Muränen und Zackenbarsche. Interessant ist auch die sogenannte kleine Höhlentour mit verschiedenen kleineren und mittelgroßen Höhlen, zum Teil miteinander verbunden. Hier findet man viele Höhlenbewohner die Ober die Felsen kriechen und krabbeln, eine-wahre Wonne für den Makrofotograf. Eine kleine Insel die in ei-

■ Seegraswiesen, hier eine Posidonia-Ansiedlung, bergen so manches interessante Lebewesen

nem einstündigen Tauchgang umrundet werden kann. Muränen, Meerbarben, Nacktschnecken, Schwämme und viele Moostierchenkolonien fesseln den Blick.

Ein etwas flacherer Tauchgang der sich als Zweittauchgang nach einem Dekotauchgang eignet.

A. 4. Wracktauchplätze:

c. Das Wrack »Malakoff«: (Südküste)

Dieses Tauchplatz ist auf Grund seiner Tiefe von 39m nur für erfahrene Taucher geeignet. Der französischem Handelsdampfer Malakoff ist in der Nacht des 2. Januar 1929 dem bei schlechtem Wetter mit dem Bug auf die niedrigen Felsen aufgelaufen und gesunken. Jetzt liegt die Malakoff aufrecht auf einem sandigen Untergrund in 38-39 m Tiefe, sie beginnt in 29 m Tiefe, mit ihrem zum größten Teil intakten, unteren Rumpf. In den vergangenen Jahrzehnten wurde der Schiffskörper als künstliches Riff vollständig besiedelt. Mit einer Länge von 105 m und einer breitesten Stelle von 16 m ist sie zudem ein begehrtes Ziel für Sporttaucher geworden. Die

Die Höhle von Punt d'n Gill öffnet sich zu einem gewaltigen Dom

Am Wrack der Malakoff: Algen, Seegras, Schwämme und Korallenarten haben den Schiffskörper überwuchert

Artenvielfalt der Fische ist hervorragend, und es ist zweifellos der reichste Tauchplatz von Menorca. Bei Sichtweiten von meist 30 m läst sich das Wrack gut erkunden. Schwärmen von Jungfischen tummeln sich in dem eisernen Gerippe. Brassen und Barakudas kreisen im Freiwasser. Das Wrack ist Heimat für Muränen und riesige Drachenköpfe.

d. Das Wrack »Francisquita«: (Nordwest-Ecke Menorcas)
Auf Grund seiner Tiefe von 50m ist dieser Tauchplatz nur für sehr erfahrene und trainierte Taucher geeignet. Ein wunderschön erhaltenes ca. 60 m langes Wrack das am 17. Dezember 1952 am Riff Capo de Menorca im Norden der Insel auf Grund lief. Beim Versuch, das Schiff in den Hafen von Ciutadella zu schleppen, sank der 500 BRT? Frachter. Die Franzisquita stehlt im offenen Wasser senkrecht auf Kiel, die Reling befindet sich in 40 m der Kiel in 50 m Tiefe. Ein sehr gut erhaltenes Wrack der Neuzeit, dessen reich bewachsenes Oberdeck sich sehr gut betauchen läßt. Die beiden riesigen Anker sind noch fest in ihrer Fesselung verankert. Im Bauch des Wracks

■ Rückkehr von einem tiefen Tauchgang. Die Taucher nutzen das Ankerseil als Aufstiegshilfe und als Deko-Leine

leben neben etlichen Muränen und reichlich Zackenbarsche sowie ein großer Congeraal. Auch hier finden wir Fahnenbarsche und nicht gerade wenig, einen ganzen Schwarm. Seit geraumer Zeit halt sich ebenfalls ein großer Schwarm Barakudas am Schiff auf. Das Wrack bietet dem versierten Taucher und Fotograf ein reiches Spektrum an Motiven. ACHTUNG: Dekopflichtiger Tauchgang!!!

B. Tauchplätze Ibizas:

B. 1. Nordküste:

1 Isla Murada:

Isla Murada ist das sogenannte »Hausriff« des Divingcenter San Miguel . Es liegt nur 5 Bootsminuten von der Tauchbasis entfernt, und bietet fast alles was man von einem guten Mittelmeertauchgebiet erwartet. Der Norden der Insel ist in 10-15 m von Tunneln und kleinen Höhlen durchzogen, welche im Frühjahr Bärenkrebse und Garnelen beherbergen. Ab Juni trifft man auf Zackenbarsche. Im Herbst, wenn die Jungfische Schwärme bilden, sieht man hier

oft kleine Gruppen Barrakudas und Seriolas jagen. Die maximale Tiefe beträgt 40 m. Der Süden der Insel ist maximal 30 m tief und der Grund besteht aus großen Felsbrocken. Nacktschnecken , Oktopusse und Muränen sind hier immer anzutreffen.

2 Felsen Benirras:

Dies ist eine Felsnadel vor der Bucht Benirras. Steil geht es im Westen auf 30 m Tiefe, wo große weiße Sandflächen folgen. In 15-20 m sammeln sich Schwarmfische, wie Goldstriemen, Brassen und Mönchsfische. Der Osten und Süden der Felsnadel wird bis zu einer Tiefe von 25 m von großen Felsbrocken umrahmt, zwischen denen sich Drachenköpfe, Muränen und Steckmuscheln befinden. Im flachen Bereich hat es je nach Jahreszeit jede Menge Nacktschnecken und Schleimfische.

3 Conger Wrack:

Das Conger Wrack ist auf Grund seiner Tiefe ein Tauchplatz nur für erfahrene Taucher. Der Frachter aus dem 19. Jahrhundert, der bei Isla Caldes auf Grund lief, nochmals aufschwamm und dann vor der Bucht San Miguel unterging. Das Wrack liegt genau auf 40 m, ist bis zur Decksfläche im Sand eingesunken. Dadurch ist das Wrack fotografisch nicht so interessant. Doch unter den Decksbalken befinden sich Gänge, aus denen Congeraale und Muränen neugierig die Taucher beobachten. Riesige Drachenköpfe liegen zwischen den Stahlstreben der ehemaligen Aufbauten und der Ankerwinde. Schwärme von Meerbarben tummeln sich auf den Sandflächen. Hier wurden schon mehrfach Mondfische gesichtet.

4 Caldes:

Ein sehr weitläufiges flacheres Tauchgebiet welches stufenweise von 8 m über 15 m auf 20 m abfällt. Bei einer Untiefe von 0,8 m lief hier das »Conger Wrack« auf Grund, welches sich durch Funde des kupferbeschlagenen Rumpfes zeigte. Hier, in einer interessanten Unterwasserlandschaft mit kleinen Höhlen und Tunneln schlägt das Herz jedes Macrofotografen höher. Nacktschnecken jeder Art, Schleimfische, kleine Drachenköpfe und Oktopusse sind hier zu Hause. Man vergißt schnell die Zeit, besonders im Juni, wenn sich die Oktopusse paaren.

5 Russische Berge:

Ein kleines Unterwassergebirge, welches etwas entfernt von der Küste von 15 m Tiefe auf 33 m abfällt. Mehrere Steckmuscheln stehen in einem Tal in 25 m Tiefe. An der Meer zugewanten Seite befindet sich eine Steilwand von 15-33 m, die ein beliebtes, schön bewachsenes Wohngebiet für Langusten ist. Über den Bergspitzen ist der Tummelplatz der Schwarmfische, so das man zu bestimmten Zeiten hier auch Barrakudas sehen kann. Die dem Meer abgewante Seite ist etwas flacher und hier leben einige Anemonen mit ihren Untermietern, der Spinnenkrabbe und Partnergarnele.

6 Haarsternfelsen:
Ein Fels der etwa 100 m von der Küste entfernt liegt, und aus der Ferne aussieht wie ein umgefallenes Stück Torte. Die Außenseite fällt senkrecht bis 27 m ab und dann gemächlich mit zerklüftetem Gestein bis auf 35 m Tiefe. In einer Tiefe von ca. 20 m befinden sich Haarsterne in den unterschiedlichsten Farben, die nicht selten eine oder zwei Haarsterngarnelen beherbergen. Diese Symbiosegemeinschaft wurde hier, durch uns, zum ersten Mal bewiesen. Unten, in dem zerklüftetem Felsgestein sind Muränen, Langusten und Drachenköpfe zu finden. Die Innenseite fällt auf 15 m ab, wo ein gemütliches Austauchen möglich ist. Gerne zeigen wir Euch hier die vielfältige Macrowelt des Mittelmeeres.

7 Cap Rubio:
Ein Cap was nahezu senkrecht auf 48 m abfällt. Dort findet man Edelkorallen und natürlich Langusten. Der wunderbare Bewuchs, begleitet von Schwärme roter Fahnenbarsche macht den Tauchgang, trotz der großen Tiefe, zu einem Erlebnis. Meist taucht man aber an einer Untiefe, die sich an der Ecke des Caps befindet. Sie erhebt sich bis 10 m, aus einer Tiefe von ca. 25 m. Man findet hier viele Anemonen, die eine Vielzahl von Symbiosetiere beherbergen, wie z.B. die Anemonengrundel und Spinnenkrabbe.

8 Cap Eubarca:
Dieses Cap fällt ebenfalls wie Cap Rubio sehr steil auf 35 m ab und nach einer ca. 10 m breiten ebenen Fläche weiter auf über 50 m. Das interessante sind die drei größeren Höhlen. Die erste , mehr ein Spalt, 28 m hoch und 15 m breit geht ca. 50 m in den Fels hinein. Man kann sich nicht vertauchen, sollte aber darauf achten, daß das Ende ziemlich eng wird. Die zweite, eine im Durchmesser ca. 15 m große Höhlen in 15 m Tiefe, bietet die Möglichkeit in einen kleinen Raum aufzutauchen, der im Fels an der Wasseroberfläche liegt. Die dritte Höhle, mit einem kleinem Eingang in 18 m Tiefe, welchem nach ca. 6 m eine Halle folgt mit einem Durchmesser von 5 m und einer Höhe von 15 m. Ein Spalt soll in eine Kathedrale führen, dies wurde von mir aber noch nicht

untersucht. Diese Höhle ist nur mit speziellen Kenntnissen betauchbar. Alle Höhlen bieten im Frühjahr Bärenkrebse, Seespinnen und Garnelen.

9 Lichthöhle & Herkulessäulen:
Beide Tauchgebiete liegen dicht beieinander, so kann man auch beide bei einem Tauchgang besichtigen. Die Herkulessäulen ist eine Höhle im flachen Bereich. Mehr einer riesigen Ausspülung gleich, stützen enorme Säulen die Decke ab. In 5–10 m Tiefe kann man sich genügend Zeit lassen die Tierwelt dieser Höhle zu erforschen. Zur richtigen Tageszeit, ein Augenschmaus für jeden UW-Fotografen. Die Lichthöhle, ein hinter einer Felswand nicht vermuteter großer Hohlraum, indem durch einen Durchbruch in der Decke Licht eindringt, bietet im Frühjahr Bärenkrebse, Felsengarnelen und Seespinnen. Durch den riesigen Eingang von 15 x 10 m dieser gefahrlosen Höhle, bietet sie fast für jeden ein Tauchvergnügen.

10 Isla Margaritas:
Eine Insel zwischen Puerto San Miguel und San Antonio. Früher ein Tagesausflug, heute mit dem Speedboot leicht zu erreichen. Die Insel ist durchzogen von Höhlen, Torbögen und Tunneln. Sie bietet eigentlich alles was das Mittelmeer zu bieten hat. Man kann leicht 5-6 Tauchgänge dort machen und wird begeistert sein. Die Unterwasserlandschaft ist so vielfältig, man kann sie schwer beschreiben, man muss Margaritas gesehen haben.

11 Isla Bledas Blana:
Eine Insel in der Nähe von San Antonio. Nur bei ruhigem Wetter kann man sie erreichen und dort tauchen. Zwischen 35 m und 50 m sind die Felsen von purpurroten Gorgonien bewachsen und es tummeln sich Fahnenbarsche dazwischen.

B. 2. Südküste:

I Isla Redona:
Südlich von der Bucht von Santa Eulalia liegt nur wenige Bootsminuten entfernt die Insel Redona. Über Wasser präsentiert die kahle Felsinsel

sich äußerst unspektakulär. Doch unter Wasser hat der Platz es im wahrsten Sinne des Wortes in sich, Spalten, Risse, kleine Höhlen und ein Kamin. Flora und Fauna vom aller Feinsten oder anders gesagt, das Mittelmeer zeigt sich von seiner schönsten Seite. Im Sonnenlicht funkelnde Gelbstriemen ziehen über die saftig grünen Posidoniawiesen. Ein Schwarm kleiner Barakudas kreist im klaren blauen Wasser. Meerbarben streifen über die dicht mit Algen bewachsenen Felsen.

■ Manche Tauchplätze werden mit einem kühnen Sprung erreicht

II Das Wrack »Sommerwind«:
Seit dem Jahr 2000 gibt es südlich der Insel Redona eine weiter Tauchatraktion. Die »Sommerwind« einst ein stolzes ansehnliches 20m Segelschiff – inzwischen ist der Zweimaster sehenswerte Tauchattraktion. Mit einer maximalen Tauchtiefe von 25m, die Masten reichen ca. 8-10m unter die Wasseroberfläche, die sie gut erreichbar. Da die Aufbauten und ein Großteil der Takelage noch gut erhalten sind loht sich ein Besuch immer.

III Isla Tagomago:
Der Leuchtturm auf der kleinen Insel macht den Tauchplatz weithin sichtbar. Unter Wasser erschließt sich ein Tauchplätze aller erster Güte. Die sehenswerte Unterwasserlandschaft mit Plateau, Steilwänden, kleinen Höhlen, Rissen und Spalten, begeistert Flossenschlag für Flossenschlag. Zu sehen gibt es Schwarmfische, Muränen, Conger, Zackenbarsche und Tintenfische.

IV Las Rocas:
Nordöstlich der Insel Tagomago liegt der Tauchspot Las Rocas. Der Hang der bis in 30 Meter reicht ist übersät mit Felsbrocken, dazwi-

Am Wrack der Sommerwind, das Schiff sank im Jahr 2000

schen immer wieder Neptunsseegras. Mehrer Gruppen aus Gelbstriemen und Brassen ziehen umher.
In der Tiefe trifft man hier auf Meerbarbenkönige und Fahnenbasche.

V Es Figueral:
Das Felsenriff reicht gezeitenabhängig bis auf einen Meter unter die Wasseroberfläche. Das in 5-6 Meter befindliche Plateau ist mit Seegras bewachsen. In östlicher Richtung endet es abrupt in einer Steilwand die erst in 30m endet. Beim Abtauchen geht es vorbei an unzähligen Mönchsfischen. Mit etwas Glück begegnet man auf mächtige Makrelen die hier bei der Jagt vorbeikommen.

VI Isla Llarga:
An der Insel Llarga werden regelmäßig zwei Tauchplätze angefahren. Ihre Lage gab ihnen auch den Namen, der eine liegt im Norden der andere im Süden. Am Platz Llarga Norte zieht sich unterhalb eines Plateaus, welches in 10m Tiefe liegt, eine kleine Felswand entlang. Neben den üblichen Brassenarten gibt es kleine Zackenbarsche und Gabeldorsche zu beobachten.

VII Isla Llarga Sur:
An der Südspitze gibt es in einer kleinen Bucht ein geeigneten Ankerplatz. Von hier aus kann das Kap umrundet werden. Abhängig vom Luftverbrauch hat es sich bewähr auf dem Hinweg den bereich zwischen 15 und 25 Metern zu erkunden. Auf dem Rückweg den Bereich zwischen 5m und 19 Metern. Goldstriemen und Brassen gibt es in allen Tiefen zu bestaunen. Auf den Sandflächen entdeckt das geschulte Auge Plattfische, Petermännchen

C. Tauchplätze Formenteras:

C. 1. Tauchplätze im Süden

I Stadion
Der Tauchplatz »Stadion«, ist mit einer Tauchtiefe von nur maximal 12 Metern ist er sowohl für Beginner als auch für fortgeschrittene

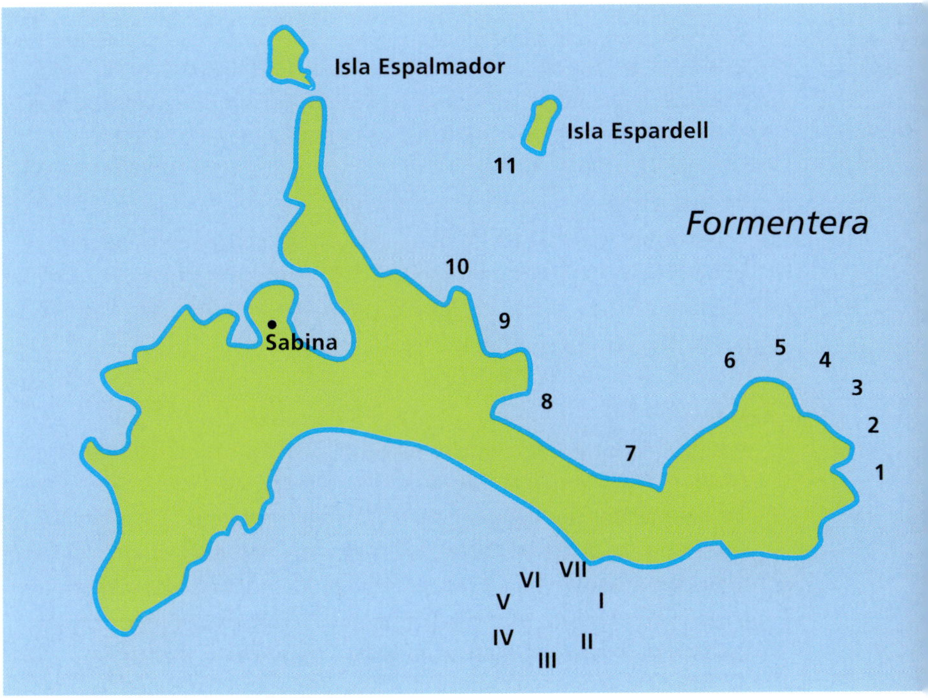

Taucher geeignet. Umrandet von einer ausgedehnten Seegraswiese liegt das Areal aus einer mächtigen kraterähnlichen Senke mit einzelnen Felsblöcken, Sandflächen und einem unterhöhlten Seegrasplateau. Unterwasserfotografen und Videofilmer sind von den vielen Kleinfischen, den Krabbelmeistern und Nacktschnecken begeistert. Absoluter Höhepunkt ist hier jedoch eine Schule ortstreuer Barrakudas. Die an Taucher gewöhnten Tiere lassen sich bestens beobachten und filmen. Geduldige ruhige Tauchgäste schaffen es, sich bis auf einen Meter an die silberfarbenen Jäger anzunähern.

II Pescador I

Der Platz liegt ebenfalls an der Südküste. Im Großen und Ganzen ähnelt er dem Tauchplatz »Großes Riff«. Durch die geringere Tauchtiefe von ca. 20m ist er jedoch auch für nicht so versierte Taucher geeignet.

III Mola II

Unmittelbar vor dem Rio Hotel La Mola liegt dieser Tauchplatz. Seegras- Fels und Sandflecken wechseln sich ab. Regelmäßig trifft man auf Bärenkrebse und Schulen freischwimmende Fische.

IV Neues Riff

Auch dieser Tauchplatz ist ganz ähnlich den anderen dieser Gegend. Es gibt Seegras und Sandflächen, die später zu einem Riff abfallen. Es hat allerhand Schalentiere, viele Fische. Der Platz ist für Anfänger und Fortgeschrittene geeignet.

V Großes Riff

Das Felsenriff liegt in einer Tiefe von 25-30m nur wenige hundert Meter von der Südküste Formenteras entfernt. Der Platz ist vor allem für geübte Taucher geeignet da die Ankertiefe gleich Tauchtiefe ist. Es wind stets am Ankerseil abgetaucht. In den Felsformationen zwischen den Seegraswiesen findet man allerhand Kleingetier. Meerbarben und Brassen sind besonders zahlreich vertreten. Farbenprächtige Schwämme und Krustenanemonen leuchten im Kegel der Tauchlampen.

VI Pescador II

Der Tauchplatz Pescador II gehört ebenfalls zu den Tauchplätzen an der Südküste.
Er ist Vergleichbar mit dem Platz Estufador.

VII Estufador

Dieser Platz an der Südküste zeichnet sich besonders durch seine Ausdehnung aus. Mit nur einem Tauchgang lässt sich dieser Platz nicht erkunden. Die Rifftiefe liegt zwischen 24m und 32 Metern.

C. 2. Tauchplätze im Osten und Norden

1. Faro

Der Tauchplatz »Faro« faszinierende statt mit Tiefe mit einer unvergleichlichen Unterlandschaft. Gewaltige Felsbrocken, die sich vor langer Zeit aus der Wand gelöst haben, gestalten ein Unterwasserlabyrinth mit kleinen Höhlen. Die lichtzugewandten Seiten sind im Laufe der Jahre dicht mit Algen bewachsen, an den lichtabgewandten Seiten haben sich verschiedene Schwämme angesiedelt. Die vielen Blennies fühlen sich hier sichtbar wohl. Optischer Höhepunkt ist ein betauchbarer Canyon. Im Eingangsbereich vielleicht 8 Meter breit, schneidet er sich in die senkrechten zunehmend verengenden Felswände. Am Ende ist er nur noch 3 Meter breit und auch die Tauchtiefe hat sich auf Hallenbadmaße verringert. Einzigartig der Blick aus ihm heraus, rechts und links die senkrechten Felswände, die sich aus Taucherperspektive fast grenzenlos fortzusetzen scheinen, der helle Sandboden, über den die Lichtbrechungen der Wasseroberfläche tänzeln. Einigen dunklen Steinbrocken und ein Schwarm Jungfische runden das perfekte Fotomotiv ab, von dem auch alle nicht Fotografen und Filmer auf der Rückfahrt begeistert sprechen

2. Cueva Azul:
Die »Blaue Grotte« besticht durch die sehr schöne Unterwasserlandschaft mit zahlreichen Überhängen. Da die Grotte nach oben ist, lässt sie sich auch problemlos mit Anfängern betauchen. Macrofotografen sind durch das hier zahlreich anzutreffende Kleingetier begeistert.

3. Cueva Verde:
Die »Grüne Grotte« ist eine Farbvariante zur »Blauen Grotte«, ansonsten ähneln sich diese beiden Plätze sehr.

4. Laguna Azul:
Die »Blaue Lagune« liegt ebenfalls im Nordosten. An diesen Idealen Anfängerplatz wird in einer Tiefe zwischen 6m und 20m getaucht.

5. Punta de sa Creux
Eine etwas exponiert liegende Stelle vor der Ostseite der Insel. Sie wird mit dem Boot angefahren. Es gibt viele Fische, mit einigem Glück Barrakudas. An der Felswand Bärenkrebse, Muränen und Oktopusse.

6. Sa Cala 1, 2, 3

Diese drei Tauchplatze liegen an der Steilküste im Nordosten Formenteras.

7. Es Calo

Eine schöne Stelle mit Seegras und einigen großen Steinen, die hier herumliegen. Sepien, Schulen von Doraden und manchmal Rochen dazwischen.

8. Tramuntana:

Der Tauchplatz »Tramuntana«, ist mit einer Tauchtiefe von nur 10 Metern ideal für Beginner geeignet. Eine ausgedehnte Seegraswiese umrandet das Areal das aus einer mächtigen kraterähnlichen Senke mit einzelnen Felsblöcken und Sandflächen besteht. Zu sehen gibt es neben den vielen Kleinfischen, reichlich Krabbelmeistern und Nacktschnecken.

9. Punta Prima und Punta Prima Turm:

Das Tauchgebiet (3m-29m) Punta Prima liegt in der Nähe von Es

Begegnung im Freiwasser: Eine Bernsteinmakrele schwimmt vorbei

Pujols an der Nordküste Formenteras. Eine Reihe Unterwassergrotten begeistert durch die farbigen Schwämme und vielen Krustenanemonen die Taucher.

10. Plata Jorma

Zwischen Formentera und der kleinen Insel s'Espardell gelegen. Somit nur mit dem Boot anzusteuern. Einige Fische erfreuen den Taucher, unter anderem Brassen, Sepien, Aale.

11. Es Pardel:

Ganz im Norden Formenteras liegt an der kleinen Insel Es Pardel die alte Fischaufzuchtstation. Auf Grund der langen Anfahrszeit wird dieser Platz jedoch nur sehr selten angefahren.

Diese Tauchgebiete werden von der Tauchbasis La Mola angefahren und sind mit einer Ausnahme in einer Fahrzeit von bis zu maximal 15 Minuten erreichbar. Die Tauchtiefen bewegen sich zwischen 6m und 34m.

Rochen lieben Sand. Hier können sie sich gut verstecken

Tauchbasen der Balearen:

Adrett, aktiv, kompetent

Das Gebäude der Sub Menorca Basis. Wie fast alle Tauchbasen der Balearen ist sie gut ausgestattet und verfügt über kompetentes Personal

Tauchbasen der Balearen:

Adrett, aktiv, kompetent

Die drei kleinen Schwestern Mallorcas haben, zusammen genommen, ganz schön viele Tauchbasen aufzuweisen. Unsere komplette Aufstellung sagt Ihnen, wo Sie Ihren Tauchurlaub buchen und verbringen können.

A. Menorca

La Sirena
An der Nordküste Menorcas im kleinen Badeort Arenal d' en Castell befindet sich das erst im Jahr 2000 eröffnete »La Sirena Diving Center«. Von der picobello eingerichteten Tauchbasis hat man einen traumhaften Ausblick über die gesamte Badebucht. Die blauen Fluten machen Lust in die Unterwasserwelt einzutauchen.

■ Verladen: Die Tauchausrüstung ist verstaut, jetzt kann es los gehen. Schlauchboot der Basis La Mola

Viele der Tauchplätze lassen sich auf dem Landweg erreichen. Dafür stehen bei La Sirena zwei nicht mehr ganz taufrische VW-Busse zur Verfügung. Unzählige Tauchplätze an der meist unbesiedelten Steilküste lassen sich dagegen nur mit dem Boot erreichen.

Sub Menorca Diving Center
Im Südwesten nur wenige Kilometer von der Hafenstadt Ciutadella liegt in Cala d'en Bosch im Hotel Club Sol Elite Falco die Tauchbasis Sub Menorca. Bereits seit 1986 leitet Raimund Brysch auf Menorca unter dem Motto »Mit (Tauch)Sicherheit viel Spaß« sein durchorganisiertes Reich mit strenger Hand. Noch kein einziger Tauchunfall während all dieser vielen Jahre, darauf ist Raimund besonders Stolz, mit Recht wie auch seine vielen Stammgäste meinen. Der Club Falco bietet mit seiner großzügigen Poollandschaft ideale Voraussetzungen zur Tauchausbildung. Für ausgebildete Taucher hält Raimund eine ganze Menge Schmankerl (Toptauchplätze) bereit. Mit dem komfortablen Tauchbus geht es samt Anhänger mit dem Equipment in den Hafen. Dort steht der gepflegte, bestens ausgerüstete Tauchkutter »Mara« ausfahrbereit und die Pressluftflaschen sind auch schon da, den fleißigen Assis sei Dank. Flache Tauchgänge, tiefe Tauchgänge, Nachttauchgänge, Strömungstauchgänge, Höhlentauchgänge und Wracktauchgänge, die vielen Spots an der Süd- und Westküste Menorca haben einiges zu bieten.

Die Tauchbasen Menorcas auf einen Blick

La Sirena Dive Centre

Plaza del Mar 2
Arenal d'en Castell
E-07740 Es Mercadal Menorca
Tel.: 0034-971-358522
FAX: 0034-971-358502
eMail: la-sirena@teleline.es
Internet:http://www.lasirenadiving.com/index.html

■ Immer wieder spannend: Ein Glasbodenboot gewährt auch Nicht-Tauchern den Blick unter die Wasseroberfläche. Die Gäste sind begeistert

Sub Menorca Diving Center

Padi, CMAS
Im Hotel Club Sol Elite Falco
E- Cala'n Bosch / Menorca
Tel.: 0034-971-387834
FAX: 0034-971-387809
Handy:0034?609-656916
eMail: submenorca@aol.com

Happy Sub

Barakuda, VDST, FIT, Cedip
E-07760 Ciutadella / Menorca
Apartado Correos 442
Tel.: 0034-971-85232
Fax: 0034-971-385232
EMail: ernesto@infotelecom.es + karlkoci@logiccontrol.es

ULMO Diving Addaia

PADI
Zona Comercial Addaia
Aptdo 569
E-07740 Addaia / Menorca
Tel.: 0034-971-359005
Tel.: 0034-971-188996
Fax: 0034-971-359005
EMail: ulmo@ulmodiving.com Internet: www.ulmodiving.com

Submorena Divers

PADI, CMAS, SSI
Passeig del Riu. Loc. 7
E-07750Cala Galdana / Menorca
Tel.: 0034-971-154657
Mobil: 0034-609-303760 und 696-081065
EMail: submurenadivers@web.de
Internet: www.submurenadivers.de

Diving Center Cala Galdana

Padi
Sol Elite de Gavilanes
E-07750 Ferreries / Menorca
Handy: 0034-629-734873
Tel.:0034-971-154545
Fax: 0034-971-154546
diving-galdana@infotelecom.es
Internet: www.infotelecom.es/divig-galdana

Tauchschule Poseidon

Im Hotel Restaurant Bahia
Cala Santandria - Apartado 467
E-07760 Ciutadella / Menorca
Tel: 0034-971-382644 oder -382245
Fax: 0034-971-482704
Email: Info@Bahia-Poseidon.de
Internet: www.bahia-posidon.de

Tauchzentrum CALA TORRET

Local 6 - Cala Torret - Binibeca Playa
E-07711 Sant Lluis / Menorca
Tel.:0034-971-188528
Mobil 0034-636-463265
Fax: 0034-971-151502
Internet: www.divingtorret.com

Diving Center Fornells

PADI
Paseo Marítimo, 44 B
E-07748 Fonells / Menorca
Tel.: 0034-971-376431
Fax: 0034-971-376431
EMail: admin@divingfornells.com + divingfornells@infotelecom.es
Internet: www.diving-fornells.com

Menorca Diving Club

Paseo Marítimo de Fornells s/n
E-07748 Fonells / Menorca
Tel.: 0034-971-376412
Mobil 0034-619-198268
EMail: menarcabuceo@jet.es
Internet: www.menorcadivingclub.com

Punta Prima Diving

E-07711 Punta Prima / Menorca
Tel.: 0034-971-188394
Mobil 0034-609-351347
Fax: 0034-971-188394
Email: raskobdi@infotelecom.es
Internet: www.tauchen-punta-prima-menorca.de

S'Algar Diving Menorca

PADI, CMAS, Nitrox
Paseo Maritimo s/n, S'Algar,
E-07711 San Luis
Tel.: 0034-971-150601
Fax: 0034-971-150604
Email: admin@salgardiving.com
Internet : www.salgardiving.com

Sub Menorca (Son Bou)

E-00000 Son Bou / Menorca
Tel.: 0034-609-656916
Fax 00-34-971-387069
EMail : SubMenorca@gmx.net
Internet : www.angelfire.com/biz3/submenorca

Crystal Seas Scuba

PADI, Nitrox
Centro Comercial 11/12

Lago de Cala'n Bosch
E-07760 Ciudadela / Menorca
Tel.: 0034-971-387038 oder 0034-971-387334
Fax: 0034-971-387038 oder 0034-971-387334
eMail: admin@crystalseas-scuba.com
Internet: www.crystalseas-scuba.com

Tauchkreuzfahrten:

Menorca Cruise n´Fun

Das Sporttauchschiff »Biosphere Discovery« (Motorsegler) fährt von April bis Oktober,
von Mahon oder Ciutadella um die Insel Menorca.
Doppelkabinen mit Naßzelle (DU/WC) für maximal 12 Gäste.
Hier können Sie buchen:
Handy: 0717-1848363
Fax: 089-86308641
eMail: submenorca@aol.com
Veranstalter: TUI

»Sir Robert Baden Powell«

Kapitän Karsten
Abfahrt jeden Samstag von Cala Radjada / Mallorca
eMail: info@sir-robert.com
FAX: 00870-761377873
Handy: 0173-2502586
Internet: http://www.sir-robert.com
Buchungen über ORCA-Reisen

B. Ibiza

Tauchen bei Tina und Jogi
An der Südostküste der Insel liegt zwischen der Clubanlage Cala Pada und dem angrenzenden Sandstrand die Tauchbasis von Tina und Jogi. Ein tolles Plätzchen haben sich die beiden hier für ihre

Tauchbasis ausgesucht. Den elfenbeinfarbenen Sandstrand und das klare Wasser des Mittelmeers auf der einen Seite; große schattenspendende Bäume und die zur Clubanlage gehörende Infrastruktur auf der anderen Seite. Die Basis selbst verfügt über alles, was den Tauchbetrieb für die Gäste und Mitarbeiter gleichermaßen angenehm macht. Das gleiche gilt für die Tauchboote. Zur Auswahl stehen ein Tauchkutter für maximal 20 Personen und ein schnelles Festrumpfschlauchboot mit Turbodieselmotor für maximal 9 Tauchgäste.

Für einen bequemen und reibungslosen Tauchbetrieb sorgen Tina im Office und bei den Kursen, Jogi als Basisleiter und Tauchlehrer, Carlos als Kapitän und Tauchlehrer, Rüdiger wacht als guter Geist über die Ausrüstung und je nach Saison helfen einige Assis überall dort mit, wo es notwendig ist.

Divingcenter San Miguel

Das Divingcenter San Miguel befindet sich im Hotel Cartago/Galeon in der Bucht von Puerto San Miguel etwa 30 m oberhalb des familienfreundlichen Sandstrandes. Bereits seit 21 Jahren leiten

■ Das Tauchcenter Cala Pada fährt die Unterwasser-Junkies mit diesem Boot zu den Plätzen

Gisi und Rainer hier die von ihnen aufgebaute Tauchbasis. Es herrscht eine freundliche familiäre Atmosphäre. Trotz der begrenzten Räumlichkeiten ist an alles gedacht, was für einen reibungslosen Tauchbetrieb notwendig ist. Alles hat seinen Platz und selbst die Ladegeräte der Unterwasserfotografen und -Filmer haben ein sicheres Plätzchen, immer bewacht von Wachhündchen »Inka«. Über die zum Hotel gehörende Treppe mit dem »Luis Trenker Bänkle«, welches besonders fußkranke Taucher wie ich zu schätzen wissen, gelangt man zu den beiden Tauchbooten. Je nach Tauchplatzentfernung kommt das schnelle Speedboot oder der gemütliche Tauchkutter zum Einsatz. Die Bleigurte bleiben jeweils im Boot, um unnötiges Schleppen zu vermeiden. Dank der guten Organisation sind bis zu drei Ausfahren pro Tag möglich. Die Hausbucht ist zwar flach aber keineswegs ohne Reiz, Jungfische aller Art und die ganze Palette auf dem Sand lebender Fischarten wie Petermännchen, Knurrhähne, Flughähne und Schollen sind hier anzutreffen. Besonderes taucherfreundlich empfinde ich die von Gisi und Rainer angebotenen günstigen Tauchpakete, die sowohl von Familien, Gruppen und Hardcoretauchen genutzt werden können und den Geldbeutel kräftig entlasten.

Tauchbasen Ibizas auf einen Blick

San Miguel Diving,

VDST / CMAS
Rainer & Gisi Klingner
Apartado 17
E-07815 San Miguel, Ibiza
Tel.: 0034-971-334539,
eMail: info@divingcenter-sanmiguel.com
Internet: http://divingcenter-sanmiguel.com

Tauchcenter Cala Pada

VDST, IDA, DIWA, CMAS, FEDAS.
E- 0780 Santa Eulalia del Rio / Ibiza / Balearen

Tel. & Fax.: +34 971 330755
eMail: info@diving-ibiza.com
Internet: www.diving-ibiza.com

Ibiza?Diving,

5 Star PADI, CMAS, + Nitrox
Yachthafen von Santa Eulalia,
E-07840 Santa Eulalia / Ibiza
Tel.: 0034-971-332949 + 0034-971-332899,
Fax: 0034-971-332899
ibiza-diving@ctv.es
Internet: www.ibiza?diving.com

Punta Dive,

PADI, CMAS
Cala Martina
Apdo 116
E-07840 Santa Eulalia / Ibiza
Tel.: 0034-971-336726
Fax: 0034-971-336726
EMail: info@puntadive.com
Internet: http://www.puntadive.com

Free Delfin,

Club Hotel Delfin,
E- Cala Codolar / Ibiza
Tel.: 0034-971-806210 + 806374
Mobil: 0034-609-632077 + 0034-908-838546,
Fax: 0034-971-806052
EMail : clubdelfin@ctv.es + ibiza@freedolphindiving.com
Internet: http://www.Freedolphindiving.com

Subfari,

Peter Reiserer
Cala de Portinai

E-078 Sant Joan / Ibiza
Tel.: 0034-971-333183 + 0034-971-320505
Handy.: 0034?89-496662
Fax: 0034-971-333183 + 0034-971-320563

Tagomago Diving

CMAS
Playa de Es Figueral
E-07850 San Carlos / Ibiza
Tel.: 0034-971-335079
Mobil: 0034-909-632077
Fax: 0034-971-335070
EMail: info@tagomago-diving-ibiza.com
Internet: http://www.tagomago-diving-ibiza.com

Vellimari Diving Center

PADI Five Star Dive Center
Box 64,

Speedboot des Divingcenter San Miguel – rasant zu schönen Plätzen

E-07800 Marina Bottafoch / Ibiza
Tel.: 0034-971-192884
Fax: 0034-971-193104
EMail: ibiza@vellmari.com
Internet : http://www.vellimari.com

Rumbo Azul

CMAS, PADI
Hotel Goleta,
Playa de'n Bossa
E-07840 Cala Llonga / Ibiza
Tel: 0034-971-394486
Fax: 0034-971-394486
EMail: bluediving@rumboazul.com
Internet: http://www.rumboazul.com

Aquanautic Diving Center

CMAS, PADI
Playa de Cala Vadella,
E-07820 Sant Josep, / Ibiza
Tel.: 0034-971-808267
Mobil : 0034-908-686536
Fax: 0034-971-808267
aquanautic@wanadoo.es

H2O

PADI, NAUDI, + Nitrox
Hotel El Corso
Illa Plana
E-07800 Talamanca
Tel.: 0034-971-313524
Mobil: 0034-629236270 + 0034-616896595
Fax: 0034-971-313524
EMail: h2obuceo@jet.es
Internet: http://www.h2odivingibiza.free.fr

Phoenix Dive Centre,

Club Calimera Delfin Playa
Apartat de Correos 54
Cala Codolar
E- 07830 Sant Josep
Tel.: 0034-971 80 63 74
Mob:686 09 89 71
EMail: divefrank@gmx.de
Internet: http://wwwphoenixdive.de

Sea Horse Sub

CMAS, BSAC
Edifici Yais, 5 Platja de Port de's Torrent
E-078 Sant Antoni / Ibiza
Tel.: 0034-971-346438
Mobil: 0034-929-349499
Fax: 0034-971-346438
EMail: seahorse-diving@teleline.es
Internet: http://www.seahorsedivingibiza.com

C. Formentera

Die Tauchbasis »La Mola«
Die einzige deutsche Tauchbasis auf Formentera, »La Mola«, wird von Stephan van Treek geleitet und ist von Ostern bis Anfang November geöffnet. Sie befindet sich direkt am »Rio Hotel La Mola«, eins der wenigen größeren Hotels der Insel. Durch die günstige Lage an der engsten Stelle Formenteras ist der Tauchbetrieb weitgehend vom Wind und Wetter unabhängig. Zwei Schlauchboote liegen am nur knapp 150 Meter entfernten Strand der Südküste für Tauchfahrten bereit. Die Tauchplätze auf der nördlichen Inselseite werden per Tauchbustransfer in den kleinen Fischerhafen Es Calo und von dort mit einem geräumigen Hartschalenschlauchboot angefahren. Die spektakulären Tauchspots am Cap können sowohl von der Nordseite als auch von der südlichen Insel-

seite angefahren werden. Je nach Kundenwunsch werden Halbtagesfahrten, Tauchgänge von Land und Boot und Nachttauchgänge durchgeführt. Service und Kundenzufriedenheit sind Claudia und Stephan besonders wichtig. Auf Wunsch werden die Tauchgäste von allen Unterkünften zur Basis und natürlich nach dem Tauchgang wieder zurückgebracht. Damit Eltern ihre Tauchgänge sorglos genießen können, wird Kinderbetreuung und für Kinder über 10 Jahren Kindertauchen angeboten.

Die Tauchbasen Formenteras auf einen Blick

Die Tauchbasis »La Mola«

(einzige deutsche Basis auf Formentera)
CMAS, VDTL, Barakuda
Stephan und Claudia van Treek
Riu Club Hotel La Mola
E-07860 Formentera / Balearen
Tel.: (0034?971) 327275
FAX: (0034?971) 327248
Handy.: (0034?696) 138581
eMail: info@tauchen?lamola.com
Internet: http://www.tauchen-lamola.com

Formentera Diving

PADI, CMAS, BARRAKUDA
Almadrava
n°67/71
E-07870 Puerto de la Savina / Formentera
Tel.: 0034?971- 323232
Mobil. 0034-616-496779
Fax: 0034-971-322258
diving@interbook.net
http://www.formenteradiving.com

Vellmarí

Gold Palm Resort PADI
Avda. Mediterrània, 90
E-07870 Puerto de la Savina / Formentera
0034?971- 322105
Mobil: 0034-908-533621
Fax: 0034-971-323198
info@vellmari.com
http://www.vellmari.com

Orca Sub

PADI, CMAS, BARRAKUDA
Club Hotel Formtera
Playa Playa de Migjorn,
E-07861 Sant Francesc Xavier / Formentera
Tel. : 0034-971-328001
Handy: 0034-639-601839
Fax: 0034-971-388035 + 034-971-327145

Das touristische Angebot der Balearen ist erste Klasse. Hier lässt sich ein Parasailer von einem Motorboot durchs Wasser ziehen

Was schwimmt denn da?

Kleiner Biologieführer für Taucher und Schnorchler

Schleimfische sind schlechte Schwimmer und wohnen am Meeresboden

Was schwimmt denn da?

Kleiner Biologieführer für Taucher und Schnorchler

Wäre es nicht interessant zu wissen, warum das östliche Mittelmeer artenärmer ist, als das westliche? Oder die Karibik beispielsweise als der Indopazifik? Warum es um Zypern und die türkische Küste keine Gorgonien gibt, wohl aber um die Balearen?
Die Antwort dieser Fragen liegt einige Millionen Jahre zurück. In jener Zeit, als sich unsere Erde sich quasi im Pflegelalter befand und die Natur allerhand Flausen im Kopf hatte. Es war die gerade endende Zeit der Dinosaurier, als sich Koralle, Muräne, Zacki und

■ Um die Balearen trifft man zwei Arten von Barben. Unser Bild zeigt die Meerbarbe

Co. ausbildeten. Riffbewohner wie Haie, Schwämme und Stachelhäuter (Seestern, Seeigel) gehörten damals schon zum Establishment oder sogar zum ganz alten Adel: Sie existieren schon seit über 500 Millionen Jahren. Natürlich hat sich auch das Erscheinungsbild der Erde seither gewandelt. Die Kontinente sind auseinandergedriftet, Eiszeiten haben die Topografie und die Klimaverhältnisse verändert. Und damit sind auch die verschiedenen Lebewesen in verschiedene Weltgegenden verschlagen worden. Dieses erdgeschichtliche Phänomen erklärt auch, warum die Artenvielfalt an den Küsten der Kontinente dichter ist, als beispielsweise an abgelegenen Inselgebieten.
Ein Phänomen ist auch die Entstehung endemisch vorkommender Arten. Das heißt, dass diese Art nur hier und sonst nirgens anders vorkommt. Um es klar zu stellen: Endemismus hat nichts damit zu tun, dass es um Zypern Drückerfische gibt. Diese sind aus dem Roten Meern eingewandert und es ist zu erwarten, dass er sich von dort aus auch auf das übrige Mittelmeern, mithin auch an die Balearen ausbreiten wird.

Von Generalisten und Spezialisten

Klar ist: Eine Küstenlandschaft wie die der Balearen ist auch unter Wasser derart mit Leben gefüllt, dass sich, fast wie in einer Großstadt, die Bewohner ständig auf die Nerven gehen. Besser gesagt: gehen würden. Denn die Natur hat es so eingerichtet, dass sich der Zacki nicht um den Oktopuss kümmert und der Meerjunker nicht um die Seegurke. Es sei denn, man will einander an die Gurgel, um einen schmackhaften Happen fürs Abendbrot zu ergattern. Aber auch hier gibt es feine Abstufungen und Unterschiede. Damit in einem Riff nicht alle über alle herfallen, gibt es Unterschiede in der Größe. Die Großen fressen die Kleinen, diese die ganz Kleinen. Oder man ist Friedfisch, dann lebt man vegetarisch. Durch die einerseits sehr üppig vorhandenen, andererseits sehr knappen Nahrungsreserven (jeder will den Schriftbarsch fressen, den gibts aber nur zweimal), haben sich regelrechte Nahrungsspezialisten herausgebildet. Einer dieser Spezialisten ist beispielsweise die Nacktschnecke. Sie frißt ausschließlich Schwämme. Andere wiederum fressen alles, zum Beispiel der Hai. Selbst Blechkanister und Lederschuhe sind schon in seinem Innern gefunden worden. Aber auf diese Art und Weise kommen alle – oder die meisten – Riffbewohner miteinander aus.

Viele Arten, ein System

Trotz des Gewimmels in einem Riff und die Verschiedenartigkeit der Bewohner, sind alle irgendwie miteinander verwandt. Die meisten jedenfalls. Also beispielsweise der Zacki mit dem Meerraben. Die sind schon enger verwandt (beide gehören der Ordnung »Barschartige« an) als beispielsweise der Hai mit dem Rochen, denn diese sind beide lediglich der Klasse der Knorpelfische zuzuordnen. Ordnung ist aber spezieller als Klasse, folglich ist die Verwandschaft enger. Diese biologische Systematik ist folgendermassen aufgebaut:

Der Stamm,

dem alle Fische angehören, sind Chordaten, Chordatiere. Das heißt, alle haben einen Hauptnervenstrang oder einen Achsenstab als Vorstufe zur Wirbelsäule.

Unterstamm

Das Tier, das eine richtig ausgebildete Wirbelsäule hat, ist ein Vertebrat, ein Wirbeltier. Bis hierher ist der Mensch beispielsweise noch durchaus dem Hai verwandt.

Überklasse

Erst auf dieser Stufe entscheidet es sich, was das Wirbeltier wird. Fisch oder Säugetier, Reptil oder Vogel.

Klasse

Bestimmt die Klasse, der ein Fisch angehört. Das kann ein Knorpelfisch sein (ein Fisch, dessen Skelett aus Knorpel besteht, also Hai oder Rochen etc.) oder ein Knochenfisch, ein Fisch, dessen Skelett knochenähnliche Substanz aufweist. Dazu gehören zum Beispiel Barsche, Brassen, Barben etc.

Ordnung

Die Ordnung trennt die Fische quasi in ihre »Clans« auf. Also in Lippfische, Barschartige, Salmonidae usw.

Familie

Erst auf dieser Stufe entscheidet sich die Natur, ob sie aus einem Barschartigen einen Zackenbarsch oder einen Riffbarsch, einen Kaiserfisch oder einen Fahnenbarsch machen will.

Art

Die Familien schließlich bilden auf dieser letzten Stufe der Entwicklung die vielfältigste Stufe der Hierarchie, die verschiedenen Arten, aus. Am Beispiel der Muränen also die Tatsache, ob es eine Netzmuräne, eine Gelbe Muräne, ein Schlangenaal oder eine Große Grüne Muräne usw. wird.

Sie sehen: Zuerst, in den oberen Rängen der Pyramide, hängt alles irdendwie zusammen. Da sind es nur gemeinsame, einfache Merkmale, die eine Verwandtschaft begründen, beispielsweise, ob ein Tier einen Wirbel hat, oder nicht. Später werden daraus einfach »Fische«. Je tiefer man in der Systematik kommt, um so spezieller werden die Unterschiede, um so ähnlicher werden sich aber gleichzeitig die Lebewesen. Erst die Stufe der Familie schließlich zeigt uns, was aus einem Fisch tatsächlich geworden ist. Und die Art schließlich zeigt uns eine ganze Reihe ähnlichster Fische, die sich jedoch in einer Reihe von Details unterscheiden. Nachfolgend haben wir Ihnen verschiedene Bewohner zusammengestellt, die Sie mit einiger Wahrscheinlichkeit rund um die Balearen treffen werden.

Der Barrakuda (Sphyraena)

Die rund um die Balearen vorkommenden Barrakudas werden nur sehr selten größer als ein Meter. Sie leben in Schwärmen im Freiwasser und sind meist Standorttreu und so für Taucher leicht wieder zu finden. Ihr langgestreckter hechtförmige Körper macht sie zu pfeilschnellen Jägern. Ihr Maul ist mit kräftigen, spitzen Zähnen bewährt.

■ Barrakudaschwarm im Freiwasser. Nur junge Tiere leben im Schwarm, ältere Exemplare ziehen sich in die Einsamkeit zurück

■ Begegnung im Freiwasser: Eine Mittelmeermuräne schlängelt sich durch eine Algenwiese. Sie ist auf Futtersuche

Die Mittelmeer-Muräne (Muraena helena)

Die Mittelmeer-Muräne ist auf den Balearen sehr verbreitet. Sie kommt in allen Wassertiefen von der Oberfläche bis zu eine Tiefe von 100 Metern vor. Die bis zu 150 cm großen Muränen sind an ihrer Marmorierung und dem kräftigen Körperbau leicht zu erkennen. Ihre Grundfärbung ist braun-schwarz oder braun-gelb. Obwohl sie zu den nachtaktiven Jägern gehört triff man sie häufig auch am Tage an.

Der Drachenkopf (Scorpaena)

Der Drachenkopf gehört zur Familie der Skorpionsfische und ist mit seinen vielen Unterarten für den Laien nur schwer genau zu bestimmen. Es gibt zahlreiche Farbvarianten von rot bis braun mit unterschiedlich großen, hellen Flecken. Drachenköpfe sind typische Bodenbewohner und lauern auf ihre Tarnung vertrauend auf

Beute. Zum Selbstschutz verfügen sie über Giftstachel die in der Rückenflosse sitzen. Bei Gefahr stellen sie die Rückenflosse zur Warnung auf.

Die Meerbarbe (Mullus)

Im Mittelmeer rund um die Balearen trifft man sowohl die Rote Meerbarbe als auch die Streifenbarbe an. Beide Arten werden meist nicht größer als 35 cm und leben in einer Tiefe von bis zu 100 Metern. Auf der Futtersuche durchwühlen sie auffällig weichen schlammigen oder sandigen Boden auf der Suche nach Würmern, Krebsen und Weichtieren. Ruhephasen verbringen sie oft mit weiteren Artgenossen auf dem Sandboden liegend. Bereits die Römer schätzten die Meerbarben als schmackhaften Speisefisch.

■ Goldstriemen (oder Doraden) sind geschätzte Begleiter beim Tauchen. Meist treten sie in Schwärmen auf

Drei Arten von Petermännchen gibt es um die Balearen: Das Große, das Kleine und das Bunte. Hier das kleine Petermännchen

Das bunte Petermännchen lauert im Sand. Deutlich zu sehen ist das oberständige Maul. Petermännchen sind Lauerräuber

Die Goldstriemen (Sarpa salpa)

Die meist 15 bis 25 cm großen Goldstriemen sind typische Schwarmfische die oft im Gruppen von bis zu mehreren hundert Tieren vorkommen. Die auffälligen gelben Längsstreifen auf silberfarbenem Körper machen sie leicht bestimmbar. Unterwasserfotografen schätzen sie als anspruchsvolles Fotomotiv, denn ihr silberglänzender Körper fordert das ganze Fotografenkönnen.

Das Petermännchen (Trachinus, Foto S. 56/57)

Um die Balearen kommen mehrere Arten von Petermännchen vor, das »kleine Petermännchen« das »Bunte Petermännchen« und das »Große Petermännchen«. Sie unterscheiden sich durch Färbung und Körperform. Das »Große Petermännchen« hat einen kräftigeren Körper und ist grau, beige, braun gesprenkelt. Das »Bunte Petermännchen« hat einen schlankeren Körper und bläuliche Muster. Das »Kleine Petermännchen« wird nur etwa 15 cm lang während die anderen bis zu 45cm Lang werden könne. Alle arten haben zur Verteidigung mehrere Giftstachel in der Rückenflosse. Alle Arten bevorzugen Sandboden in dem sie sich auch häufig eingraben.

Das Langschnäuzige Seepferdchen (Hippocampus ramulosus)

Die putzigen standorttreuen Tiere sind nur sehr schwer zu finden. Es gibt sie in zahlreichen Farbvarianten von gelb, über braun, grün bis schwarz. Die bis zu 16cm langen Tiere klammern sich mit ihrem eingerolltem Schwanz meist an Algen, Seegräsern oder astartigen Gegenständen fest. Sie sind meist in einer Wassertiefe von bis zu 10 Metern anzutreffen.

Der Große Bärenkrebs (Scyllardes latus)

Bärenkrebse leben bevorzugt in Höhlen und Spalten. Die seltenen Tiere werden bis zu 45 cm lang. Ihr gesamter Körper wird von einem segmentierten Hartpanzer geschützt. Sie wandern mit Hilfe ihrer acht gepanzerten Beine langsam über den Grund und können sich damit auch an Höhlendecken festhalten. Auf der Flucht schwimmen sie von kräftigen Schwanzschlägen angetrieben blitzartig rückwärts.

Die Gelb-Violette Sternschnecke (Hypselodoris webbi)

Mit einer Länge von bis zu 19cm gehören die Gelb-Violetten Sternschnecken zu den größten Nacktschnecken im Mittelmeer. Ihre Grundfärbung variiert von graugelb bis schwarzviolet. Auffällig ist das kräftig gelbe Streifen- und Fleckenmuster. Die Sternschnecken ernähren sich von Schwämmen.

Nur schwer zu finden sind die putzigen Seepferdchen – hier ein langschnäuziges

■ Der große Bärenkrebs wird bis zu 45 cm lang. Er ist ein eben so guter Schwimmer wie auch Kletterer

■ Seeigel zählen zu den Stachelhäuten. Es gibt mehrere verschiedene Arten, unser Bild zeigt den schwarzen Seeigel

Der Schwarze Seeigel (Arbacia lixula)

Der Schwarze Seeigel ist durch seine unzähligen dicht nebeneinander sitzenden schwarzen Stachel leicht zu bestimmen. Er reagier auf Licht-Schatten-Reize indem er seine Stacheln vermehrt in Richtung des vermeindlichen Angreifers positioniert. Bei Nacht treten sie besonders häufig auf und so ist bei Nachttauchgängen besondere Vorsicht geboten. Die dünnen Stachel haben an den Enden kleine Wiederhacken. Kommt man mit Ihnen in Berührung brechen die Stacheln in der Haut ab und rufen juckende Hautreizungen hervor. Die kalkhaltigen Stacheln lassen sich mit Zitronensaft oder Essig auflösen die Wundstelle sollte mit Alkohol desinfiziert werden. Sitzen sie tiefer, sollten sie vom Arzt entfernt werden.

Fast 20 cm lang wird die Gelb-Violette Sternschnecke, die größte im Mittelmeer

Höhlentauchen:

Das müssen Sie beachten

Wer Unterwasserhöhlen erkunden will, muss sich an enge Sicherheitsregeln halten

Höhlentauchen:

Das müssen Sie beachten!

Die Küsten der Balearen sind reich an betauchbaren Höhlen, das haben Sie sicherlich schon an der Vorstellung unserer Tauchplätze bemerkt. Dass man sich auf Höhlentauchgänge ganz anders vorbereiten muss, als auch normele Tauchgänge, das ist ebenso ein Fakt. Unsere Tipps sollen Ihnen helfen, sicher hinein und vor allem auch wieder hinaus zu kommen.

Die wichtigste Regel beim Höhlentauchen lautet: Plane Deinen Tauchgang und tauche später diesen Plan!
Will heißen, dass die erste Tugend, die ein Höhlentaucher mit sich bringen muss die Disziplin ist. Sind die Tropfsteine im hinteren Teil einer Höhle noch so schön, wenn das Finimeter sagt, dass soundso-

Es ist angerichtet: Nach dem Tauchgang schmeckt ein kleiner Imbiss, bevor es wieder auf Tiefe geht. Alkohol sparsam trinken

viel bar aus der Flasche veratmet sind, dann geht es zurück – auch wenn genügend Reserve eingeplant ist.
In der Tat spielt das Gasmanagement in Höhlen eine besondere Rolle. Als Faustregel gilt: Ein Drittel der Flaschenfüllung benutzt man für den Hinweg. Ein Drittel wird für den Rückweg genutzt. Und das letzte Drittel gilt als Reserve. Diese Regel ist für einfache Höhlentauchgänge sicherlich ausreichend. Sollen aber mehrere hundert Meter im Berg zurück gelegt, werden, so muss der Speleonaut ganz anders rechnen: Sicher taucht, wer ein Viertel des Luftvorrates für den Hinweg und ein Viertel für den Rückweg benutzt. Die halbe Menge des Vorrates gilt als Reserve.

Stichwort Redundanz

Ein Krisenszenario in einer Höhle ist vorn mehreren ganz unangenehmen Erscheinungen geprägt. Das wichtigste ist, dass in einem Notfall (z. B. Ausfall der Luftversorgung) der Taucher nicht einfach

■ Familientag am Strand. Wer gerne in der Sonne faulenzt, der liegt auf den Balearen richtig. Zur Abwechslung: etwas Sport im Wasser

einen Notaufstieg vornehmen kann – er ist quasi eingesperrt. Im Amerikanischen und unter Tech-Divern hat sich der Fachbegriff vom »Overhead Environment« eingebürgert.
Eine weitere wichtige Regel lautet deshalb, alles Doppelt, ja dreifach mit sich zu führen. Die beiden wichtigsten Dinge sind dabei die Luftversorgung und das Licht.

Luftversorgung

Eine Monoflasche mit einem Oktopus reicht nicht! Zum einen gibt es nur eine Flasche (erste mögliche Fehlerquelle). Dann gibt es nur ein Ventil (zweite mögliche Fehlerquelle). Ventil und Flasche sind zwar mögliche Knackpunkte, viel anfälliger jedoch ist der Lungen-

■ In solchen verschwiegenen Buchten kann man gut tauchen. So manche Überraschung wartet unter der Wasseroberfläche

automat. Ein Oktopus besteht lediglich aus einer ersten Stufe (dritte Mögliche Fehlerquelle) mit zwei angeschlossenen zweiten Stufen (vierte mögliche Fehlerquelle). Logisch: Fällt die erste Stufe aus, geben auch beide zweite Stufen keine Luft mehr.

Sporttauchen in Meereshöhlen stellt an die Luftversorgung eine Mindestanforderung und diese lautet: Es wird mit einem Doppelgerät getaucht, jedes davon hat ein eigenes Ventil. An jedes dieser beiden Ventile ist ein vollständiger Lungenautomat (bestehend aus jeweils erster und zweiter Stufe) angeschlossen. Einer der beiden Lungenautomaten kann zusätzlich mit einer zweiten Stufe (Oktopus) versehen sein.

■ Eine Kolonie von Seeigeln hat es sich auf einem Felsen bequem gemacht. Seeigel gehören zur Familie der Stachelhäuter

Licht

Selbstverständlich ist auch ausreichend Licht von existenzieller Bedeutung. Man führt deshalb auch immer mindestens zwei Lampen mit sich. Taucher neigen zur Sparsamkeit und so fällt die Zweitlampe in der Regel dürftiger aus, als die Erstlampe. Das heißt, dass sie meistens von geringerer Leistung ist. Fürs Höhlentauchen ist das schlecht. Man stelle sich nur folgende Situation vor: Ausfall der ersten Lampe. Der Taucher befindet sich plötzlich im schwärzesten Loch seines Lebens. Dafür flackern im Hirn sämtliche Alarmlämpchen, man steht kurz vor der Panik. Da, der Gedanke: Meine Ersatzlampe! Ein Griff – und eine Funzel, die wie eine Kerze im Fußballstadion wirkt, leuchtet auf.
Grundsätzlich gilt: Die Ersatzlampe (wie übrigens auch der zweite Lungenautomat) sollte von gleicher Qualität und Güte sein, wie das Erstgerät. Darüber hinaus unterscheiden wir zwischen Flutstrahlern und Punktstrahlern. Den Punktstrahlern ist der Vorzug zu geben, denn aufgewirbelte Sedimente erscheinen im gleißenden

Ursprüngliches Formentera: Fischer haben ihre Boote an Land gezogen

Checkliste 1:

Vorbereitung

Reels:
- *Leinenlänge*
- *Funktionstüchtigkeit*

Akkus/Batterien:
- *Lampen*
- *Computer*
- *Blitzgeräte*
- *Handy*

Luftversorgung:
- *Lungenautomaten*
- *Ventile*
- *Flasche*
- *Anschlüsse*
- *Schläuche*
- *Finimeter*

Anzug:
- *Einlassventile am Trocki*
- *Auslassventile am Trocki*
- *Dichtigkeit*

Jacket
- *Ventile (ein und aus)*

Ersatzteile
- *O-Ringe*
- *Maseln- und Flossenbänder*
- *Glühbirnen Lampe*
- *Begurtung*

Checkliste 2:

Tauchgang

- *Planung*
- *Ersatzteile checken*
- *Austauschgeräte checken*
- *Wer wartet wann und wo vor der Höhle?*
- *Wer führt das Tauchgangsprotokoll?*
- *Gibt es eine Höhlenrettung?*
- *Wurde diese benachrichtigt?*
- *Wo ist die nächste Dekokammer?*
- *Sauerstoff vorhanden und Flaschen gefüllt?*
- *Kleingeld für Telefon (Karte)*

Licht des Scheinwerfers wie Schneegestöber und reflektieren – die Navigation wird noch schwieriger.

Der Ariadnefaden

Gerade in verzweigten Höhlen kommt es oft vor, dass sich Taucher verirren. Deshalb darf in eine Höhle nur hineintauchen, wer an einem Faden hängt, der wieder nach außen weißt: Der Faden heißt in Taucherkreisen Reel, eine Spule, die ähnlich einer Angelschnurrolle eine dünne, helle Leine abspult, die am Höhleneingang befestigt wird und an der man dann wieder zurücktaucht. Auch das Reel ist am besten doppelt vorhanden und wird selbst dann eingesetzt, wenn nur wenige Meter in den Berg hineingetaucht wird, und man dabei den Blickkontakt zum Eingang verliert.

Weitere gut brauchbare Ausrüstung

Die Reel-Leine kann mit farblich unterschiedlichen Pfeilen markiert werden; als Auftriebshilfe eignet sich ein Wing-Jacket am besten; Die Flossen sollten von einer hellen Farbe sein (gelb oder weiß); wer einen Helm trägt, kann dort die Lampen befestigen (Hände sind frei); Redundanz: Zusätzlich zum Computer mit Tiefenmesser, Uhr und Tabelle tauchen.

Achtung!

An dieser Stelle konnten wir Ihnen keinen vollständigen Überblick über die Praxis des Höhlentauchens geben. Es gibt noch sehr viele Punkte, die zu berücksichtigen sind. Wer vor hat, sich in den Höhlen der Balearen ausgiebig herumzutreiben, der sollte eine vernünftige Ausbildung machen. Als Schulungsliteratur eignet sich das bei Müller Rüschlikon erscheinende Praxis-Handbuch »Höhlentauchen«.

■ Typisch für die Balearen: Windmühlen, die früher Grundwasser pumpten und heute oft ausgedient haben – Dieselpumpen haben sie ersetzt

Die Geschichte der Balearen:

Jahrhunderte im Zeitraffer

Frühe Hochkulturen haben auch auf den Balearen ihre Bauwerke hinterlassen

Die Geschichte der Balearen:

Jahrhunderte im Zeitraffer

5000 v. Chr.

Die ca. 7000 Jahre alte megalitische Kultur Menorcas stellt auch heute noch eines der letzten Rätsel der Besiedlung des Mittelmeerraumes dar. Die Ausgrabungsstätten können heutzutage besichtigt werden.
Die Frühgeschichte Ibizas und Formenteras ist nur wenig belegt. Ausgrabungen belegen eine Besiedelung um 2000 v.Chr. In den darauf folgenden Jahrhunderten wechselten die Herrscher ständig.

Ab ca. 700 v.Chr. ...

...machen die Karthager Ibiza zu einem bedeutenden Handelsumschlagplatz.

123 v. Chr.

Während der Punischen Kriege wird der Einfluss der Karthager durch die Vormacht der Römer abgelöst. Eivissa wird eine »Konföderierte Stadt«. Die Römer geben Formentera den Namen »Frumentaria«, die Weizeninsel. Über fünf Jahrhunderte beherrscht das Römische Imperium die Balearen.

In solchen Salinen gewinnt man schon seit Tausenden von Jahren Salz durch Verdunstung

70 v. Chr.

Auf Ibiza treibt römische Kaiser Vespasian die Wirtschaft voran. Die Salz- und Bleigewinnung wird ausgebaut und Ibiza erhält ein eigenes Münzrecht.

425 n. Chr.

Die Vandalen unter der Führung von Gunderich besetzen Ibiza.

535

Die Byzantiner übernehmen die Macht auf Ibiza.

800

Der Islam und das Christentum existieren auf Ibiza friedlich nebeneinander.

903

Blütezeit der Mauren.

1231

Menorca wird Teil von Aragon.

1235

Die Katalanen übernehmen die Herrschaft

1287

Alfons der III. (der Liberale) erobert Menorca.

14. - 17. Jh.

Piraten greifen immer wieder die Balearen an.

Ende des 14. Jh.

Die Menschen verlassen Formentera fast vollständig. Die nächsten drei Jahrhunderte ist Formentera praktisch unbesiedelt.

1535

Auf Menorca wird die Hauptstadt Maó durch die Türken zerstört.

1697

Unter der Führung der Ibicencos Marc Ferrer und Toni Blanc beginnt auf Formentera die sogenannte "Zweite Wiederbevölkerung".

1756 -1763

Während des Siebenjährigen Krieges wird Menorca von den Franzosen besetzt.

1782

Ibiza wird Bischofssitz

1802

Menorca gehört seit dem Friedensvertrag von Amiens zu Spanien.

Mitte des 18. Jh. ...

... Leben ca. 400 Menschen auf Formentera.

1898

Während Spanien gegen die USA um Kuba kämpft, beginnt der Fremdenverkehr auf Ibiza

1900

Die Bevölkerung Formenteras ist auf 2000 Menschen angewachsen. Die Bevölkerung Ibizas beträgt schon über 23 000 Einwohner.

1979

Auf Menorca finden die ersten Wahlen für die demokratischen Rathäuser der Insel statt.

■ Ibiza wurde zuerst von Rucksacktouristen und Hippies entdeckt. Jedes Jahr geben sich die ersten Touris ein Stelldichein

Essen und Trinken:

Küche mit Tradition

Mallorcas kleine Schwestern sind vor allem eines nicht: – Eben Mallorca. So kann man hier noch ursprünglicher und originärer essen, als auf der Hauptinsel. Wer dem Koch in die Töpfe schaut, der findet vor allem das:

Alles Käse

Daß Käse aus Mahon (Menorca) ein besonderer Gaumenschmaus ist, merken Sie sicher schnell. Er wird in vier Sorten (Reifestufen) angeboten:
»Fresco« oder »Tierno« der junge Milde, der oft für Füllungen verwendet wird.
»Semi-curado« der Cremige mit der gelben Rinde.
»Curado« der lang Gereifte mit dem intensiven Geschmack.
»Viejo« oder »Aniejo« mindestens ein Jahr alt, vergleichbar mit Parmesan.

Mayonnaise

Einer Überlieferung nach stammt das Rezept für Mayonnaise von einheimischen Olivenbauern. Der Koch des französischen Marschalls Richelieu soll es dann zur heutigen Mayonnaise weiter entwickelt haben.

Zum selbst Ausprobieren: Allioli:

Allioli ist ein leckerer Brotaufstrich. Die Zutaten: Eier, Olivenöl, Zitrone, Knoblauchzehen. Die Zubereitung: Ein komplettes Ei kommt in den Mixer, eine Zehe Knoblauch ein Teelöffel Salz, Olivenöl wird dazu geträufelt und ein paar Tropfen Zitrone. Das ganze wird mit dem Mixer solange vermengt, bis es die Konsistenz von Mayonnaise hat.

Tumbet:

Tumbet ist ein mallorquinisches Nationalgericht. Die Zutaten: Kartoffeln, Zucchini, Auberginen, rote Paprika und Knoblauchzehen, Schweinekotelett. Die Zubereitung:
Diese Zutaten werden in Scheiben geschnitten und in Olivenöl angebraten. Dabei ist wichtig, dass alles getrennt angebraten wird. Pürierte Tomaten werden mit Olivenöl und Knoblauch vermengt. Dazu gibt es Schweinekotelett.

Paella:

Die Paella ist ein Spanisches Nationalgericht. Die Zutaten: Fischfonds (Pikada), 100g Reis pro Person, Paprika, Tomate, Muscheln, Fisch, Hühnchen, Knoblauch, Petersilie, Salz, Pfeffer, Zwiebeln. Die Zubereitung: Der Fischfonds (Pikada), Sie besteht aus Gambas, Knoblauch, Petersilie, Öl Salz, Pfeffer. Dieses wird im Mixer zu einer dickflüssigen Masse verrührt. Dies ist die Pikada oder zu Deutsch Fischfonds.
Reis, Paprika, Tomate, Muscheln, Fisch, Hühnchen, diese Teile werden separat in Olivenöl angebraten. Dann alles in einer Pfanne und mit Fischfonds aufgießen. 10 Minuten kochen. Fonds nachfüllen. ca. 20 Minuten weiterköcheln lassen.

■ Mit den langen Brustflossen kann der Flughahn sogar durch die Luft segeln – bei Gefahr im Verzug

Anhang

Fremdenverkehrsämter:

Spanisches Fremdenverkehrsamt:

60323 Frankfurt, Myliusstr. 14.
Tel.: 069-725033 + 38, FAX: 725313
und:
40237 Düsseldorf, Grafenberger Allee 100,
Tel.: 0211-6803980, Fax: 6803985
und:
10707 Berlin, Kurfürstendamm,
Tel. 030-8826543, FAX: 8826661

Anreise nach Ibiza und Menorca:

Die Inseln Ibiza und Menorca sind bequem mit dem Flugzeug zu erreichen, es gibt Linien und Charterflüge. Die Flugzeit beträgt ca. 2 Stunden.
Für einen längeren Aufenthalt kann sich die Anreise mit dem Auto lohnen. Fährverbindungen nach Ibiza gibt es von Denia und Valencia mit der Trasmediterranea. Fährverbindungen nach Menorca gibt es von Barcelona mit der Trasmediterranea, in Deutschland vertreten durch DER, Deutsches Reisebüro GmbH, Emil-von-Behring-Strasse 6, 60439 Frankfurt, Tel.: 069-95885800, FAX: 069-95885822

Anreise Formentera:

Als einzige Baleareninsel ist Formentera nicht mit dem Flugzeug zu erreichen. Die Nachbarinsel Ibiza kann jedoch angeflogen werden, es gibt zahlreiche Linien und Charterflüge. Die Flugzeit beträgt ca. 2 Stunden. Von Ibiza gibt es reichlich Fährverbindungen nach Formentera.

Einreise:

Deutsche Staatsbürger und EU-Bürger benötigen nur einen gültigen Personalausweis oder Reisepass, ebenso Reisende aus der Schweiz.

Gesundheit:

Derzeit keine Impfungen vorgeschrieben.

Sprache:

Amtssprache ist Spanisch, die Einheimischen sprechen jedoch meist den Dialekt Menorqui, in fast allen Hotels und vielen Geschäften werden Deutsch und Englisch gesprochen.

Währung:

Ab 01.01.2002 gilt auf den zu Spanien gehörenden Balearen der Euro
Reiseschecks und Kreditkarten werden in allen Banken akzeptiert. Wird die Postsparkarte genutzt, fallen keine Gebühren an.

Diesem Burschen begegnen aufmerksame Taucher um die Balearen öfters: Der Braune Mittelmeer-Zackenbarsch patrouilliert durchs Riff

Reisezeit:

Menorca ist ein typisches Halbjahresziel. Die meisten Hotels und andere touristische Einrichtungen sind nur von Ostern bis Ende Oktober geöffnet. Außerhalb dieser Zeit gibt es auch keine Charterflüge. Auch die Tauchbasen sind nur von Ostern bis Ende Oktober geöffnet.

Klimatabelle Menorca:

Wetter / Klima						
Tagestemp. °C	Jan.	Feb.	März	Apr.	Mai	Juni
	14	14	16	18	21	25
	Juli	Aug.	Sep.	Okt.	Nov.	Dez.
	28	28	26	22	18	14
Nachttemp. °C	Jan.	Feb.	März	Apr.	Mai	Juni
	7	7	9	11	13	17
	Juli	Aug.	Sep.	Okt.	Nov.	Dez.
	20	20	19	15	11	9
Wassertemp.°C	Jan.	Feb.	März	Apr.	Mai	Juni
	14	13	14	14	17	20
	Juli	Aug.	Sep.	Okt.	Nov.	Dez.
	23	25	23	21	18	15
Sonnenstunden	Jan.	Feb.	März	Apr.	Mai	Juni
	5	5	6	8	10	11
	Juli	Aug.	Sep.	Okt.	Nov.	Dez.
	12	10	8	6	5	4
Regentage	Jan.	Feb.	März	Apr.	Mai	Juni
	9	8	8	7	5	3
	Juli	Aug.	Sep.	Okt.	Nov.	Dez.
	1	3	6	11	9	12

Der Wind auf den Balearen:

Auf Menorca fehlen hohe, schützende Berge und so ist die Insel allen Winden ausgeliefert. Vor allem der vom Norden kommende Tramuntana ist eine ständige Begleiterscheinung und dominiert von allen Winden rund ums Jahr. So ist es nicht verwunderlich, dass die Inselbewohner jedem Wind einen Namen gegeben haben.

Jeder Wind hat seinen eigenen Namen:

Nordwind	Tramuntana
Nordwestwind	Mestral
Nordostwind	Gregal
Westwind	Ponent
Ostwind	Llevant
Südwestwind	Llebeig
Südostwind	Xaloc
Südwind	Migjorn

Das aktuelle Wetter und die Vorschau:

Außer im Wetterbericht des spanischen Fernsehens findet man im Internet unter der Adresse: http://www.wetteronline.de aktuelle Informationen und die Vorschau für die nächsten Tage.

Wassertemperatur:

Die niedrigsten Wassertemperaturen gibt es im Januar und Februar mit ca. 13 - 16 °C. Die höchste Wassertemperatur wird im August mit ca. 25 °C erreicht.

Strom:

Auf den Balearen gibt es 220V Wechselstrom (50 Hz). Ein Adapter ist nicht erforderlich.

Telefonieren auf Menorca, Ibiza und Formentera :

Im Festnetz: Die Vorwahl nach Deutschland ist 0049, in die Schweiz 0041, nach Österreich 0043, die auf die Balearen 0034. Die Telefonzellen sind mit Kartentelefonen ausgestattet.
Mit dem Handy: Wie in Deutschland, so gibt es auch hier drei Netze, vergleichbar dem D1, D2 und E-Netz. Die Netzabdeckung von D1 und D2 sind gut, im E-Netz gibt es noch Versorgungslücken.
Dem D1-Netz entspricht - Moviestar
Dem D2-Netz entspricht - AirTel
Dem E-Netz entspricht - Amena

Von den Balearen in die Heimat gelangt man mit 07, dann wartet man ein weiteres Tönchen ab, dann die 49 für Deutschland, (43 für Österreich, 41 für die Schweiz). Anschließend folgt die Ortsnetzkennzahl und Rufnummer ohne die 0.

Polizei: Notruf 112

Internetcafes auf Menorca:

Im Sommer 2001 gibt es nur in Mahon und Ciutadella Internetcafes.

Interessante Web-sites zu Menorca:

http://www.menorca-info.de
http://www.traveltainment.de

Zeit:

Keine Zeitverschiebung zu Deutschland.
Unterbringungsmöglichkeiten Menorca:
Auf Menorca gibt es Hotels aller Kategorien. Es werden auch Clubanlagen, Privatquartiere und Appartements, die vor Ort oder im voraus über die Tauchbasis gebucht werden können, angeboten.
Auf Menorca gibt es nur zwei Campingplätze.

Unterbringungsmöglichkeiten Ibiza:

Auf Ibiza gibt es reichlich Hotels aller Kategorien. Es werden auch Clubanlagen, Privatquartiere und Appartements, die vor Ort oder im voraus über die Tauchbasis gebucht werden können, angeboten. In der Hauptsaison sind die Unterkünfte in San Miguel echte Mangelware. Auf Ibiza gibt es fünf Campingplätze.

Unterbringungsmöglichkeiten Formentera:

Auf Formentera gibt es nur einige Hotels und Clubanlagen. Es werden etliche Privatquartiere und Appartements, die vor Ort oder im voraus über die Tauchbasis gebucht werden können, angeboten. Auf Formentera ist Camping verboten

Leihwagen:

In vielen Orten kann man Leihwagen mieten. Die Fahrzeuge sind meist Neuwagen. Es werden meist sehr günstige Wochentarife angeboten. International arbeitende Vermieter wie Herz, Avis, Rent a Car, Sixt kann man bereits von zu Hause aus buchen, vor Ort ist es jedoch oft günstiger.

Sport, Fun & Action:

Zu den beliebtsten Sportarten der Balearen gehört neben den Wassersportarten wie Surfen, Segeln, Katamaransegeln, Kanu- bzw. Wasserskifahren und Tauchen besonders das Mountainbike fahren und Trekking, Parasailing, Tennis, Golf und Reiten. Sonnenbaden am Strand und die nächtliche Disco-Tour runden das Freizeitvergnügen ab.

Inseldaten:

Menorca, ist die östlichste Insel der Balearen mit einer Ausdehnung von ca. 700 Quadratkilometer von Kap La Mola bis zur Landzunge Bajoli. Die Insel ist in Ostwestrichtung etwa 50 km lang und in Nordsüdrichtung 16 km breit. Ihre Küstenlinie misst 117,3 km. Ibiza, die 541 Quadratkilometer große Insel ist ca. 40 Kilometer Lang und 20 Kilometer breit. Über 60.000 Menschen leben auf Ibiza - im Laufe eines Jahres wird sie von ca.1,5 Million Touristen besucht. Formentera, ist mit 82 Quadratkilometer kleinste Balearen Insel.

Die schönsten Strände Menorcas:

Cala Macarella and Macarelleta (im Südwesten Menorcas)
Cala Mitjana and Mitjaneta (im Südwesten Menorcas)
Cala Escorxada (im Süden Menorcas) Fußweg von Mitjana
Cales Coves (im Süden Menorcas) historische Felshöhlen.
Cala Binibeca (im Südosten Menorcas)
Cala Mesquida (im Osten Menorcas)
Cala Tortuga (im Nordosten Menorcas) Fußweg vom Leuchtturm Favaritx.
Cala Cavalleria (im Nordosten Menorcas)
Cala Pregonda (an der Nordküste Menorcas)
Cala del Pilar (an der Nordküste Menorcas) sehr schlechte Schotterstraße oder Fußmarsch.
Algaiarens (an der Nordküste Menorcas)

Tauch-Infos:

Die Rettungskette auf Menorca:
Im Falle eines Tauchunfalls ist die Polyklinik in Mahon zu benachrichtigen. Dort steht ein Tauchsportarzt zur Verfügung. Notfalls erfolgt von dort die Einweisung in die Dekokammer nach Mahon (24 Std. Bereitschaftsdienst).
Die Notruf-Nummer lautet: 971 351011, hier wird neben Spanisch auch Englisch, Deutsch und Italienisch gesprochen.
Der Taucharzt, Dr. Lasala in Arenal d'en Castell, ist 24 Std. unter Tel.: 619 755376 erreichbar. Für allgemeine Notfälle erreicht man das Centro de Medicina unter Tel.: 619 887451

Die Rettungskette auf Ibiza:
Auf Ibiza gibt es eine 4-Mann-Druckkammer und falls nötig einen Helikoptertransfer.
Die Ambulanz ist 24 Std./Tag unter Tel. 061 erreichbar (English + Spanisch).
Die allgemeine Notrufnummer lautet 112.

Die Rettungskette auf Formentera:
Auf Formentera gibt es keine Druckkammern. Die Nächstgelegene befindet sich auf Ibiza. Zu dieser 4-Mann-Druckkammer gibt es einen Helikoptertransfer.

Die Ambulanz ist 24 Std./Tag unter Tel. 061 erreichbar (Englisch + Spanisch).

Darauf warten Party-Löwen den ganzen Tag: Wenn die Sonne unter geht, erwacht Ibiza erst so richtig zum Leben. Jetzt geht es in die Discos und Bars der Insel

Darf's ein bisschen Meer sein?

Munzinger/Käsinger
Ari-Atoll Malediven I
96 Seiten, 51 Farbbilder
Bestell-Nr. 41336

Käsinger/Munzinger
Male-Atoll Malediven II
96 Seiten, 33 Farbbilder
Bestell-Nr. 41337

Munzinger/Käsinger
Bonaire (Karibik)
96 Seiten, 39 Farbbilder
Bestell-Nr. 41319

Munzinger/Käsinger
Elba (Mittelmeer)
96 Seiten, 53 Farbbilder
Bestell-Nr. 41317

Munzinger/Käsinger
Hurghada (Rotes Meer)
96 Seiten, 42 Farbbilder
Bestell-Nr. 41334

Munzinger/Käsinger
Sinai (Rotes Meer)
96 Seiten, 39 Farbbilder
Bestell-Nr. 41318

Käsinger/Munzinger
Philippinen
96 Seiten, 35 Farbbilder
Bestell-Nr. 41394

Käsinger/Munzinger
Costa Brava
96 Seiten, 40 Farbbilder,
1 Zeichnung
Bestell-Nr. 41375

Munzinger/Käsinger
Südfrankreich
96 Seiten, 34 Farbbilder,
1 Zeichnung
Bestell-Nr. 41381

Dietmar Reimer
Curaçao (Karibik)
96 Seiten, 41 Farbbilder
Bestell-Nr. 41333

Munzinger/Käsinger
Indonesien
96 Seiten, 30 Farbbilder
Bestell-Nr. 41393

Hans-Joachim Schwarz
Mallorca
96 Seiten, 45 Farbbilder
Bestell-Nr. 41414

Jeder Band unserer erfolgreichen Reihe kostet
€ 7,95

Müller Rüschlikon

Ihr Verlag für Tauch-Bücher

Gewerbestraße 10, CH-6330 Cham
Postfach 4161, CH-6304 Zug
Telefon ++41(0)41 740 30 40
Telefax ++41(0)41 741 71 15

Stand März 2003 – Änderungen in Preis und Lieferfähigkeit vorbehalten